NOUVELLE HERESIE DANS LA MORALE

DENONCÉE

AU PAPE

ET

AUX EVÊQUES,

AUX PRINCES

ET

AUX MAGISTRATS.

A COLOGNE,
Chez NICOLAS SCHOUTEN.
M. DC. XIC.

NOUVELLE HERESIE DANS LA MORALE.

ARTICLE PREMIER.

Exposition du fait.

LA Nouvelle Heresie dans la Morale que l'on dénonce icy aux Puissances spirituelles & temporelles établies de Dieu, pour veiller sur les mœurs des hommes, consiste en ce qu'on a enseigné publiquement la Proposition suivante.

Le peché Philosophique ou Moral, est une action humaine contraire à ce qui convient à la nature raisonnable & à la droite raison. Mais le peché Theologique mortel est une libre transgression de la Loy de Dieu. Le peché Philosophique, quelque grief qu'il puisse être, étant commis par celuy, ou qui n'a point de connoissance de Dieu, ou qui ne pense point actuellement à Dieu, peut être un peché fort grief, mais n'est point une offense de Dieu, ni un peché mortel qui rompe l'amitié de l'homme avec Dieu, ni qui merite la peine éternelle.

C'est mot pour mot en François, ce qui se lit en Latin dans une These imprimée & soutenuë

 pu-

ART. I. publiquement à Dijon dans le College des Peres Jesuites au mois de Juin 1686. Cette These a pour titre, *Theses Theologicæ de Peccatis.* Elle n'a que 8. positions, dont celle-cy est la premiere.

Peccatum Philosophicum, seu Morale est actus humanus disconveniens naturæ rationali, & rectæ rationi. Theologicum verò & mortale est transgressio libera legis divinæ. Philosophicum quantumvis grave, in illo qui Deum vel ignorat, vel de Deo actu non cogitat, est grave peccatum, sed non est offensa Dei, neque peccatum mortale dissolvens amicitiam Dei, neque æternâ pœnâ dignum.

Il n'est pas besoin de commentaire pour juger que cela veut dire, qu'il s'est toûjours commis & se commettra jusqu'à la fin du monde une infinité de crimes contre la pureté, contre l'humanité, contre la justice & autres vertus, fornications, adulteres, pechez contre nature, assassinats, vangeances cruelles, empoisonnemens, faux témoignages, calomnies noires, larcins, brigandages qui n'ont esté, & ne seront que des *pechez Philosophiques, qui ne sont point offenses de Dieu, & ne meritent point la peine éternelle*; parce que ceux qui en sont coupables, ou ne connoissoient point Dieu, *vel Deum ignorabant*, ou ne pensoient point actuellement à Dieu, en commettant ces pechez, *vel de Deo actu non cogitabant.*

Voilà ce que les Religieux de la Compagnie de Jesus, ont trouvé bon que l'on enseignât dans un de leurs plus celebres Colleges de France. La nouveauté de cette doctrine si contraire aux premiers élemens de la Religion Chrêtienne, qui s'apprennent dans les Catechismes, ne les a point frappez. Ils n'ont point

point apprehendé le ſcandale, que pouvoit cauſer ce damnable paradoxe, qui fait croire que les gens du monde qui ſe laiſſent emporter à leurs paſſions, ſont dautant moins en danger d'être damnez, qu'ils ſont plus libertins & plus impies, & qu'ils vivent dans un plus grand & plus continüel oubli de Dieu. Ils ne ſe ſont pas même reveillez de leur aſſoupiſſement, quand on les en a avertis, & qu'on a expoſé aux yeux du public une propoſition ſi ſurprenante.

On l'a fait d'abord ſans nommer les Auteurs, pour leur en épargner la confuſion & les rendre par cette maniere charitable plus diſpoſez à reconnoître leur faute. Cette Theſe de Dijon étant tombée entre les mains des Docteurs de Louvain, un d'eux en a rapporté la premiere propoſition à la fin d'une Theſe, ſans dire ni où, ni par qui elle avoit eſté ſoutenuë, s'étant contenté d'expoſer à la cenſure publique une ſi étrange doctrine, & ſi avantageuſe aux impies. Tout le monde en a eu horreur. Les Jeſuites ſeuls qui ſont toûjours informés des premiers de ce que contiennent les Theſes de Louvain, parce qu'aſſez ſouvent elles les regardent, ſont demeurez froids & inſenſibles, n'y trouvant rien à redire.

On fut averti que l'on pourroit douter que des Theologiens Catholiques euſſent oſé ſoûtenir une telle choſe, ſi on ne voyoit la Theſe entiere avec le tems & le lieu où elle a eſté defenduë. On l'a fait dans une grande Theſe du 6. May 1688. où celle de Dijon eſt imprimée toute entiere avec ſon titre, *Theſes Theologicæ de Peccatis* : & cette fin, *Has Theſes Deo duce & auſpice Dei-parâ propugnabit Stephanus*

ART. I. *phanus Bougot, in aulâ majore Collegij Divio-Godranij Societatis Iesu, die . . . . . Iunij* 1686. Mais le Professeur en Theologie des Jesuites nommé le Pere de Reux, qui a pris à tâche de contredire toutes les Theses des Theologiens de Louvain, où il y a quelque chose qui ne plaît pas à la Compagnie, n'a pas crû se devoir taire sur ce qu'on trouvoit à redire à la doctrine de ses Peres de Dijon. Et voicy ce qu'il en dit dans ses Theses du mois de Décembre de la même année 1688. *Quamvis existentia Dei etiam populariter sit demonstrabilis, non modo tamen non est propriè per se nota quoad nos, sed etiam fieri potest, ut ab homine ordinariis tantum divina gratia auxiliis prævento ignoretur inculpatè. Eripiant hoc nobis si possunt assertum* PHILOSOPHICI *in Burgundiam usque persecutores* PECCATI *: sed non poterunt.* C'est à dire : *Quoique l'existence de Dieu se puisse demontrer d'une maniere proportionnée à l'intelligence du peuple : il est vray neanmoins que non seulement elle n'est pas proprement connuë par elle-même à l'égard de nous ; mais qu'il se peut faire qu'elle soit ignorée par un homme aidé seulement du secours ordinaire de la grace, sans qu'il y ait de sa faute. Que les persecuteurs de la doctrine du* PECHÉ PHILOSOPHIQUE, *qui a esté enseigné en Bourgogne, ruïnent s'ils peuvent cette proposition* (de l'existence de Dieu ignorée sans peché) *mais nous sommes bien assurez qu'ils ne le pourront pas.*

On voit par là, que les Jesuites regardent comme des persecuteurs de la verité ceux qu'ils appellent *des persecuteurs du peché Philosophique* distingué *du Theologique*, bien loin de la desavoüer. Et c'est tout ce que j'avois entrepris de faire voir dans cet article, me reser-

vant

vant de montrer en un autre endroit les fausſetez & abſurditez de cette réponſe du Pere de Reux. Mais ce qui eſt plus important eſt de faire remarquer comment les Jeſuites ſont tombez dans cette Nouvelle Hereſie. Car on reconnoîtra par là que pour la deſavoüer ſincerement ; il ne ſuffiroit pas qu'ils la condamnaſſent & qu'ils en fiſſent amande honorable à toute l'Egliſe ; mais qu'il faudroit encore qu'ils condamnaſſent d'autres erreurs qui s'enſeignent communement dans leurs Ecoles, dont celle-ci eſt une ſuite naturelle.

ARTICLE II.

Par quels dégrez les Jeſuites ſe ſont engagés dans cette Nouvelle Hereſie des pechez Philoſophiques, qui, ſelon eux, quoi que tres-énormes ne meritent point la damnation.

C'Eſt une grande & terrible verité, que plus on s'attache à de méchans principes, plus on s'égare à meſure qu'on avance, & qu'on vient à vouloir étendre ces principes pour en tirer tout l'avantage poſſible, ou qu'on veut parer aux inconveniens qu'on y découvre, ou enfin qu'on veut faire voir toutes les conſequences qui en ſuivent naturellement.

C'eſt ce qui eſt arrivé aux Jeſuites ſur le ſujet de la Grace & de la Morale. On veut croire que ceux d'entre leurs Ecrivains qui ont introduit les premiers des nouveautez dans la Theologie, & dans la Morale Chrêtienne, ont eu bon-

ART. II. ne intention. Comme ils s'étoient flatté de mieux combattre les heresies de ces derniers siecles, & de ramener plus d'heretiques à l'Eglise par leurs nouvelles opinions sur la Grace & sur la liberté, ils croyoient aussi que leurs nouveaux principes de Morale serviroient à convertir plus de pecheurs, & à les faire marcher plus facilement dans la voye du salut. Mais s'étant trompés en s'écartant de la voye royale de la Tradition & de l'Ecriture, la Societé par un faux point d'honneur s'est crûë obligée à les défendre, & à soutenir ces fausses démarches. Ainsi l'esprit de picque, de jalousie & de vaine gloire, & la mauvaise honte à ne vouloir pas reculer, a donné lieu à plusieurs erreurs qu'on a esté obligé d'avancer pour ne pas abandonner les premieres.

La fausse idée qu'ils ont conçûë de la misericorde de Dieu & de sa justice, de la redemption des hommes par Jesus-Christ, & de la liberté de l'homme pecheur, est le principe d'ou est né le dogme de la Grace Suffisante donnée generalement à tous les hommes fidéles & infideles, justes & pecheurs, aveuglez & endurcis.

Ils ont mesuré la misericorde de Dieu sur leurs pensées humaines, quoique * Dieu ait dit si positivement que ses pensées ne sont pas comme les nôtres, & que ses voyes sont aussi éloignées de celles des hommes, que le Ciel l'est de la terre. C'est sur cela qu'ils ont crû que plus il répandoit de graces sur les hommes, plus sa misericorde seroit digne de luy: & qu'elle ne seroit point parfaite & infinie comme luy, si ses graces n'étoient universelles, & sans bornes.

* *Isai. 55. 8.*

Ils n'ont pas crû de même pouvoir mettre la ju-

justice de Dieu à couvert des accusations du pecheur, s'il manquoit à aucun d'eux quelque chose de ce qui luy est necessaire, pour faire le bien & éviter le peché, & que sans cela ce seroit faire aux hommes des Commandemens impossibles, que de les obliger à accomplir la Loy. C'est encore ce qui les a portez à donner à tous les hommes des graces suffisantes & toûjours presentes. ART. II.

Ils ont crû qu'on ne pouvoit dire avec Saint Paul, & avec l'Eglise, que Jesus-Christ *est mort pour tous*, & qu'il est *le Redempteur de tous*, si tous les hommes sans exception ne recevoient des graces suffisantes pour être sauvez par l'application actuelle de son Sacrifice & des merites de son Sang.

2. Cor. 5. 15. Hymn. Advent.

Enfin ils se sont imaginé qu'à moins que le pecheur n'ait pour faire le bien autant de pouvoir & de force qu'il en a pour faire le mal, on ne pouvoit sauver sa liberté, & que c'étoit approcher de l'heresie de Calvin, qui a enseigné que le libre arbitre est peri dans l'homme par la corruption de la nature, que d'avancer qu'il n'a pas toûjours des graces Suffisantes. Ils luy en ont donc donné à pleines mains & sans mesure: comme on peut voir par les Propositions 7. 14. 15. 19. & autres de Lessius censurées par les Facultez de Louvain & de Doüay.

Cependant ils se sont bien-tôt apperçûs que l'experience renversoit ces imaginations; & ils n'ont pas trouvé le monde disposé à croire que tant d'Infidelles qui ont vécu dans les plus profondes tenebres de l'Idolatrie, & qui se sont abandonnez à toutes sortes de crimes, & tant de Nations barbares nouvellement découvertes, qui se sont trouvées sans aucune pensée de Religion, menant une vie toute sensuel-

le,

ART. II. le, euſſent eu toutes les graces neceſſaires pour vivre ſelon la Loy de Dieu. Ils ont donc trouvé à propos de biaiſer un peu, en diſant : *que tous les Infidelles ont toûjours & par tout un pouvoir ſuffiſant de la part de Dieu, & en puiſſance*, ex parte Dei & in actu primo, *parce que s'ils faiſoient tout ce qui eſt en eux ſelon la diſpoſition naturelle ou ſurnaturelle où ils ſe trouvent, Dieu les éclaireroit, afin qu'ils puſſent croire & ſe convertir.* C'eſt la 18. des propoſitions cenſurées de Leſſius, dont ils ont fait cet axiome. *Facienti quod in ſe eſt ex ſolis viribus naturæ Deus non denegat gratiam.*

Ils ont crû s'échaper par là. Mais ils ſe ſont trompez. Car ce faux axiome ayant eſté fort mal reçû, cenſuré par les Univerſitez, & declaré Pelagien par la Congregation *de auxiliis*, il ſe trouve preſentement abandonné dans les écoles Moliniennes ; & leur premiere opinion des Graces Suffiſantes données à tous les hommes, & non pas ſeulement offertes à ceux qui les attireroient par un effort naturel, s'y eſt remiſe en poſſeſſion, comme il paroît par le Libelle & les Theſes du P. Deſchamps, & du commun des Jeſuites.

Mais ils ne s'en ſont pas mieux trouvez d'avoir repris ce premier poſte. On les y a attaquez de nouveau, & ils ont eſté battus ſur cela par tant d'endroits & en tant de manieres, l'experience du contraire eſt ſi ſenſible, les Ecritures & la Tradition ſi oppoſées à cette doctrine, que pluſieurs d'entr'eux ont deſeſperé de pouvoir reüſſir à juſtifier par ce moyen la juſtice de Dieu contre les reproches des pecheurs. Ils ont donc encore une fois changé de methode, & ont pris le party de juſtifier le plus de pecheurs qu'ils pourroient contre la ju-

justice de Dieu, & de les mettre à couvert de sa colere.

Et c'est où ils ont plus fait paroître leur adresse & leur industrie : & en quoy ils ont lieu de croire aussi que les pecheurs leur sont plus obligez. Car enfin il y en a une infinité à qui cette abondance de Graces Suffisantes est plus onereuse qu'avantageuse. Elle leur paroît avantageuse en ce qu'elle semble mettre leur salut entre leurs mains, en les assurant qu'à toute heure, à tout moment, en tout état, tout ce qui leur est necessaire pour faire le bien & éviter le mal leur est present à point nommé. Mais combien y en a-t-il à qui cela même est onereux ; parce que ne voulant ni faire le bien, ni fuir le mal, il ne leur peut être qu'incommode de se voir en cet état chargez de graces, qui ne serviront qu'à les rendre plus coupables & plus dignes de la colere de Dieu. Il leur est donc bien plus avantageux de n'en point avoir, & c'est une invention bien plus rare de trouver moyen de les décharger de ce fardeau ; & sans se mettre en peine de leur persuader qu'ils ont toutes les graces necessaires, mais en supposant qu'ils ne les ont pas, leur faire mettre à profit cette privation même, & les assurer qu'ils seront d'autant plus à couvert de la damnation, qu'ils seront plus abandonnez & de la lumiere & de la grace de Dieu.

C'est à quoy ont travaillé il y a long-tems plusieurs Theologiens de la Compagnie : & voicy comme ils s'y sont pris. Ils ont posé pour principe, que pour pecher il faut agir volontairement & librement, ce qui est vray à l'égard des pechez actuels. Mais ils ont ajoûté, ce qui est tres-faux, qu'une action n'est point censée être assez libre & volontaire pour rendre

ART. II. dre coupable celuy qui la fait, non seulement si on ne connoît ce que l'on a dessein de faire, mais si on n'a de plus la pensée que l'on feroit mal en le faisant. C'est ce qu'on comprendra mieux par un exemple. Lors qu'un Idolâtre de la Palestine immoloit son enfant à Moloch, il sçavoit bien que c'étoit son enfant qu'il faisoit mourir; mais loin d'avoir la pensée qu'il faisoit mal en cela, il croyoit faire une action heroïque de religion. On demande donc si sçachant bien ce qu'il faisoit, mais ne sçachant pas qu'il faisoit mal, son action étoit suffisamment libre & volontaire pour être peché. Ce seroit une heresie que d'en douter, aprés ce qui est dit dans la Sagesse de ces abominables sacrifices.

Cependant voicy ce que croyent sur cela les Theologiens de la Compagnie : *Afin qu'une action soit volontaire, il faut qu'elle procede d'homme qui voye, qui sçache, qui pénétre ce qu'il y a de bien & de mal en elle :* Voluntarium est, * *dit-on communement avec le Philosophe*, quod fit à principio cognoscente singula in quibus est actio. *Si bien que quand la volonté à la volée & sans discussion se porte à vouloir ou abhorrer, faire ou laisser quelque chose, avant que l'entendement ait pû voir s'il y a du mal à la vouloir ou à la fuir, la faire ou la laisser, telle action n'est ni bonne ni mauvaise, dautant qu'à cette perquisition, cette vûë, ou reflexion de l'esprit dessus les qualitez bonnes ou mauvaises de la chose de laquelle l'on s'occupe, l'action avec laquelle on la fait n'est pas volontaire.*

* Bauny somme des pechez. p. 906.

Rien n'est plus faux que cette doctrine. Elle est condamnée par les Philosophes Payens de l'autorité desquels ils l'ont voulu appuyer.

Tous

Tous les méchans, dit Aristote dans le lieu même auquel renvoye le Pere Bauny, qui est le 3. de ses Morales, *ignorent ce qu'ils doivent faire, & ce qu'ils doivent fuir ; & c'est cela même qui les rend méchans & vicieux. C'est pourquoy on ne peut pas dire que parce qu'un homme ignore ce qu'il est à propos qu'il fasse pour satisfaire à son devoir, son action soit involontaire. Car cette ignorance dans le choix du bien & du mal ne fait pas qu'une action soit involontaire, mais seulement qu'elle est vicieuse. L'on doit dire la même chose de celui qui ignore en general les regles de son devoir, puisque cette ignorance rend les hommes dignes de blâme, & non d'excuse. Et ainsi l'ignorance qui rend les actions involontaires & excusables, est seulement celle qui regarde le fait en particulier & ses circonstances singulieres.* ART. II.

Ce même Philosophe enseigne cette même doctrine, qui est celle de tous les hommes raisonnables, dans le 7. Livre du même ouvrage. Il distingue deux sortes de personnes qui pechent à l'égard des voluptez corporelles, en s'y abandonnant contre la droite raison. Les uns qui s'y abandonnent en se laissant emporter par leurs passions, quoy qu'ils sçachent bien que c'est mal fait ; & ce sont ceux qu'il appelle ἀκρατεῖς, comme étant *foibles*, à l'égard de ces plaisirs. Les autres qui mettant leur bonheur dans la joüissance de ces voluptez, croyent que c'est bien fait de les rechercher, & ce sont ceux qu'il appelle ἀκολάστους, parce que c'est ce qui arrive à ceux qui ont esté mal élevez. Mais les Interpretes ont appellé les premiers, *incontinentes*, incontinens, & les autres, *intemperantes*, intemperans : ce qui n'exprime pas neanmoins si bien que les mots Grecs ce

ART. II. ce qu'a voulu dire Ariſtote. Il dit que les p[illegible]miers ſont ſemblables à un Etat qui a de bon[illegible] Loix, mais qui ne les obſerve pas ; & les d[illegible]niers à un Etat qui obſerve ſes Loix, mais [illegible] en a de méchantes : que les uns ſont ſujets [illegible] ſe repentir de ce qu'ils ont fait, ce qui re[illegible] leur gueriſon plus facile : & que les autres [illegible] ſe repentent point, ce qui les rend incurabl[illegible] Mais que conclut-il de là ? Il devoit en co[illegible]clure, ſelon les Jeſuites, que ces derniers [illegible] pechent point en s'abandonnant aux plaiſirs [illegible] corps, parce qu'ils ne croyent point que [illegible] ſoit mal fait de les rechercher ; étant au co[illegible]traire perſuadez que l'homme étant heureu[illegible] en joüiſſant de ces plaiſirs, c'eſt être ſage q[illegible] d'en joüir, quand on le peut ; & qu'il n'y a q[illegible] les premiers qui pechent, parce qu'ils ſçave[illegible] que c'eſt mal fait de s'abandonner à ces vo[illegible]luptez. Mais Ariſtote ſuivant la lumiere d[illegible] bon ſens, enſeigne au contraire, que les der[illegible]niers ſont beaucoup plus méchans que les pre[illegible]miers, & qu'ils ſont tout à fait vicieux, a[illegible] lieu que les autres ne le ſont qu'à demy, parc[illegible] que leur jugement n'eſt pas corrompu, & qu'[illegible] l'eſt dans les autres.

Tous les Peres aprés l'Ecriture établiſſen[illegible] encore plus fortement cette importante regl[illegible] de la Morale contraire à l'erreur des Jeſuites. Mais on ſe contentera de rapporter ce qu'e[illegible] dit S. Auguſtin de la maniere du monde la plu[illegible] claire & la plus déciſive au liv. I. de ſes Re[illegible]tractat. ch. 15. n. 3. *Ceux qui pechent par igno[illegible]rance, ne font leur action que parce qu'ils l[illegible] veulent faire, quoy qu'ils pechent ſans qu'il[illegible] veüillent pecher. Ainſi ce peché même d'igno[illegible]rance ne peut être commis que par la volonté d[illegible] celui qui le commet, mais par une volonté qu[illegible]*

ſe

se porte à l'action & non au peché. VOLUNTATE FACTI, NON VOLUNTATE PECCATI : *ce qui n'empêche pas neanmoins que l'action ne soit peché, parce qu'il suffit pour cela qu'on ait fait ce qu'on étoit obligé de ne pas faire.* ART. II.

Mais comme il est fort ordinaire aux Theologiens de la Compagnie d'être contraires à ce Saint, demeurant fermes dans leurs fausses maximes, que les plus méchantes actions ne sont point de vrais pechez qui rendent coupables ceux qui les commettent, s'ils ne sçavent pas qu'ils font mal en les faisant ; outre l'avantage qu'ils en ont tiré pour élargir la voye du Ciel, ils s'en sont encore servis à l'usage que j'ay dit, qui est de dédommager les pecheurs que Dieu abandonneroit à eux-mêmes, en leur faisant croire qu'ils ne perdent pas tant qu'ils pourroient penser, lorsqu'ils se trouvent privez des graces de Dieu.

Car comme ils font consister la Grace, ou dans la lumiere qui éclaire l'esprit en lui faisant connoître ses devoirs, ou dans une pensée actuelle, qui applique en tems & lieu à considerer la bonté ou la malice de l'action qu'on va faire : par le moyen du principe que je viens d'expliquer, ils ont trouvé moyen de faire servir la privation de toutes ces differentes graces à la justification du pecheur ; c'est à dire à prouver que ce qu'il fait, quoy que mal en soy, ne lui est point imputé à peché.

Si Dieu laisse un pecheur dans ses tenebres, il sera dans l'ignorance de son devoir. Et dés-là point de peché : & plus ses tenebres seront épaisses, plus il sera innocent.

Si Dieu n'amollit point par sa grace cette dureté de cœur, qui se contracte par des habitudes inveterées, & qui fait qu'il y a tant de per-

ART. II. personnes à qui on peut appliquer ce qu
Ephef. 4. 19. S. Paul, qu'*ayant perdu tout sentimen* *tout remords* (ἀπηλγηκότες) *ils s'aban* *nent à toutes sortes de dissolutions & de dé* *ches*, se laissant emporter à leurs passions peut juger de là qu'ils ne pechent point s les Jesuites ; parce que la passion, aussi que l'habitude, ôte l'usage actuel de la ra:
Filiucius. *Quia tàm passio quàm consuetudo*, *actualem usum rationis* ; c'est à dire qu'elle pêche (ce qui est tres-vray) que l'espri s'applique à considerer le bien & le mal peut y avoir dans l'action que l'habitude passion nous portent à faire. Ainsi c'est ces pecheurs endurcis une heureuse nece que celle qui vient de l'endurcissement de cœur. Ils ne pechent plus à force d'avoir tracté l'habitude & la necessité du peché. ils peuvent faire impunément toutes sorte crimes, parce qu'ils boivent l'iniquité con l'eau, & qu'ils se sont mis en l'état dont p
Confess lib. 8. c. 5. S. Augustin : *Dum servitur libidini, facta* *consuetudo ; & dum consuetudini non resistit* *facta est necessitas*.

Que si l'on considere cette sorte de gr qui consiste dans une pensée actuelle qui plique en tems & lieu à considerer la bonté la malice de l'action qu'on a à faire ; qui p douter qu'il n'y ait une infinité de gens à elle manque, & qui ont merité d'en é privez par leur negligence à se donner Dieu & à le prier ? Ils sont donc bien ol gez aux Jesuites, qui les assurent que l qu'il y ait à perdre pour eux, c'est au co traire un gain bien clair de n'avoir point çû de Dieu cette *pensée actuelle* ; parce q ne l'ayant point reçuë, ils ont eu la sat

facti

faction de joüir d'un plaisir défendu, ou de profiter d'un avantage injuste, sans avoir commis de peché pour lequel ils puissent craindre d'être punis. ART. II.

Cette méchante doctrine, que quoy que l'on fasse on ne peche point, si on ne sçait que ce que l'on fait est mauvais, avoit esté censurée par la Sorbonne en 1641. en ces termes: *Hæc propositio falsa est, viamque aperit ad excusandas excusationes in peccatis.* Par celle de Louvain en 1657. en ceux-cy: *Est contra communia religionis Christianæ principia, & innumera etiam immanissima peccata excusat cum pernicie animarum.* Par l'Eglise de Sens en 1658. dans la censure de l'Apologie pour les Casuistes. *Hæ propositiones ...... scripturis, Patribus, fidelium precibus manifestè adversantur, & ad excusanda gravissima quæque scelera promptam defensionem suppeditant.* Et par celle de Paris en la même année dans son jugement sur le même Livre. *Hæc doctrina est falsa, erronea, scandalosa, contraria sanctæ Scripturæ, Patribus, & sanæ Theologiæ, quæ peccata per ignorantiam agnoscit, excusationes peccantibus ad illorum perniciem suppeditat, & Christianos ad negligendam salutis scientiam impellit.* On sçait assez qu'elle a esté en horreur en ces tems-là à toutes les personnes de pieté; mais cela n'a pas empêché que les Jesuites n'y soient toûjours demeurez tres-fortement attachez; jusques là qu'en 1683. ils firent courir dans les Païs-Bas un Livre sous le nom d'*Vlricus Ieusem*, où ils assurent hardiment que tous les Theologiens enseignent, si on en excepte un petit nombre, *ad peccandum formaliter requiri notitiam malitiæ.*

ART. II. Et je viens d'apprendre que les Jesuites Missionnaires dans les Provinces-Unies s'y servent d'une espece de Catechisme intitulé, *Instructio ad primam communionem*, qui a esté déja imprimé à Anvers, où ils donnent pour maxime à ceux qui s'examinent sur les pechez de leur jeunesse, qu'ils ne se doivent croire coupables que quand ils ont connu que ce qu'ils faisoient étoit peché : *Nemo enim peccat*, disent-ils, *nisi quatenus scit & intelligit malitiam peccati, Car on ne peche que quand on sçait & que l'on comprend que ce qu'on fait est peché.* Comme ils sont les mêmes par tout, ils ont enseigné la même doctrine dans leur College d'Aix en Provence au mois de Juillet 1686. dans une These, dont voicy les dernieres paroles : *Conscientia circa illicitum intrepida excusat à peccato.*

Mais c'est dans la These de Dijon qu'ils ont tiré de ce principe là tout ce qu'on en devoit tirer, en raisonnant consequemment, pour enfanter l'Heresie que l'on dénonce maintenant à l'Eglise. Et c'est ce que nous avons à faire voir dans l'Article suivant.

ARTICLE III.

Que c'est de la Doctrine des Jesuites, expliquée dans l'Article precedent, que ceux de Dijon ont tiré la Nouvelle Heresie que l'on denonce à l'Eglise.

IL faut donner cette loüange au Jesuite de Dijon, Auteur de la These, que sa distinction du peché en *Philosophique*, & *Theologique*, & ce qu'il dit de l'un & de l'autre, est tres-bien fondé dans la doctrine de la Compagnie, que nous avons expliquée dans l'Article precedent. Car voicy comme il a démelé cette matiere mieux qu'aucun Jesuite n'avoit fait avant luy. Ce qu'on ne dit ni en devinant ni par conjecture, mais parce qu'on a entre les mains les écrits qu'il a dicté à ses Ecoliers, & qui contiennent les fondemens de sa These.

Il est certain qu'une même action, comme celle d'un fils qui empoisonne son pere pour avoir son bien, est contraire à la droite raison, & qu'elle est aussi défenduë par la Loy de Dieu. Et on ne peut douter aussi que cet empoisonnement d'un pere par son fils ne soit un peché contre les bonnes mœurs, c'est à dire une action humaine qui rend blamable & punissable celuy qui la commet non seulement en tant qu'on la considere par rapport à la Loy de Dieu qui l'a défenduë; mais aussi quand on ne la regarde que comme contraire à la droite raison. Car toutes les Nations de la terre ou qui ne connoissoient point Dieu, ou qui ignoroient

ART. III. que Dieu eût rien commandé ou défendu aux hommes, n'ont pas laissé de regarder une telle action comme un peché detestable & digne des plus grands châtimens. Il est certain encore que cette action est un peché, parce qu'elle est contraire à la Loy de Dieu.

J'ay donc eu raison de distinguer deux sortes de pechez, d'appeller l'un *Philosophique*, & l'autre *Theologique*, & de definir le Philosophique, *une action humaine contraire à ce qui convient à la droite raison, & à la nature raisonnable*; & le Theologique, *une libre & volontaire transgression de la Loy de Dieu.*

On dira peut-être que cette distinction est inutile, ne pouvant y avoir de *peché Philosophique*, qui ne soit aussi *Theologique*. Parce qu'il n'y a point d'action humaine contraire à la droite raison, qui ne soit aussi défenduë par la loy de Dieu.

C'est, je l'avoüe, ce que doivent dire ceux qui enseignent contre le sentiment commun de nos Theologiens, qu'une action humaine est suffisamment volontaire à l'égard du peché, quand elle est volontaire *voluntate facti*, quoiqu'elle ne le soit pas *voluntate peccati*, comme dit S. Augustin: c'est à dire qu'il suffit de faire volontairement & avec advertence de raison, ce qui de sa nature est peché, quoique l'on ne sçache pas qu'il soit peché, ou que l'on n'y pense pas. Car ils doivent dire consequemment, qu'afin que l'action de ce meurtrier de son pere puisse être un *peché Theologique*, c'est à dire, une libre & volontaire transgression de la Loy de Dieu, il suffit qu'il ait volontairement commis une action detestable que Dieu a défenduë, soit qu'il ait sçû ou qu'il n'ait pas sçû que Dieu l'a défenduë. Mais il est clair que nous devons dire tout le contraire en suivant cette maxime

reçuë

reçûë dans nos écoles : *ad peccatum formale requiritur notitia malitia.* Car que peut-on répondre à cet argument? ART. III.

Afin qu'un homme ait peché il ne suffit pas qu'il ait fait volontairement une action qui de soy-même est un peché, mais il faut de plus qu'il ait sçû que c'étoit un peché. Afin donc aussi que ce meurtrier soit censé avoir offensé Dieu en violant volontairement sa Loy, il ne suffit pas que le meurtre qu'il a commis ait esté défendu par la Loy de Dieu, il faut de plus qu'il ait connu cette défense, & qu'y ayant pensé avant que de le commettre, il n'ait pas laissé de le commettre. Autrement on ne pourra pas dire, que ç'a esté *une volontaire transgression de la Loy de Dieu.*

Or ce qui est un peché, & n'est point un *peché Theologique*, est seulement un *peché Philosophique.* Il peut donc y avoir des pechez tres-énormes, qui ne sont point *Theologiques*, mais seulement *Philosophiques.* Et j'ay eu raison de remarquer que ce sont tous les crimes, de quelque nature qu'ils soient, & quelques execrables qu'ils puissent être, qui se commettent par ceux, ou qui ne connoissent point Dieu, ou qui ne pensent point à Dieu en les commettant. Car comment pourroit-on penser en commettant quelque peché, qu'il a esté défendu par la Loy de Dieu, quand on ne connoît point Dieu, ou qu'on ne sçait point que Dieu ait rien défendu ou commandé aux hommes ? Et quand on ne seroit pas privé de toute connoissance de Dieu, si neanmoins on n'y pensoit point, parce qu'on ne seroit occupé qu'à satisfaire sa passion, ce qui est tres-ordinaire, il est visible qu'on n'auroit pas aussi pensé à la defense qu'il auroit faite de commettre cette action.

ART. III. action. On n'auroit donc pû pecher que *Philosophiquement*, par la pensée qu'on auroit eûë que ce que l'on faisoit, avoit quelque chose de contraire à la droite raison : ce qui se peut rencontrer dans les personnes les plus destituées de la connoissance de Dieu, sans laquelle il n'y a point de *pechez Theologiques*.

Il est vrai que les consequences que j'ay tirées delà pourront surprendre beaucoup de personnes & scandaliser des esprits foibles & scrupuleux ; mais on ne peut douter qu'elles ne soyent vrayes, supposé la verité de ce que je viens d'établir conformément à la doctrine commune de nos écoles.

La 1. Est que les *pechez Philosophiques*, c'est à dire, tous les pechez que commettent ceux qui ne connoissent point Dieu, ou ne pensent point actuellement à Dieu en les commettant, ne sont point des offenses de Dieu : *Peccatum Philosophicum, quantumvis grave, in illo qui vel Deum ignorat, vel de Deo actu non cogitat, non est offensa Dei.* Cela est clair suivant ce que je viens de dire. Car puisqu'une action humaine n'est jamais peché ; quand on ne connoît pas qu'elle est peché, il faut qu'une action humaine ne soit point une offense de Dieu, quand on ne connoît pas que c'est une offense de Dieu. Or celuy qui ne connoît point Dieu, ou qui ne pense point à Dieu en commettant quelque peché, n'a pû connoître en le commettant que ce fût une offense de Dieu. C'est comme j'ay prouvé cette consequence dans les écrits que j'ay dictés. *Sicut actus humanus nunquam est malus sublatâ cognitione malitiæ ; sic nunquam est offensa Dei, si non agnoscatur esse offensa Dei.*

La 2. consequence est, qu'un *peché Philosophique n'est pas un peché mortel qui rompe l'amitié* de *de l'homme avec Dieu : non est peccatum mortale dissolvens amicitiam Dei.* Car supposé qu'un homme ait esté fait ami de Dieu par le Bâtême qu'il auroit reçû avant l'âge de la raison, il ne pourroit cesser d'être aimé de Dieu qu'en offensant Dieu. Or le *peché Philosophique n'est point une offense de Dieu* ; comme on le vient de montrer. Il ne peut donc pas être *un peché mortel qui fasse perdre l'amitié de Dieu.* ART. III.

La 3. consequence est qu'un *peché Philosophique* (c'est à dire tout peché , *quelque grief qu'il puisse être , commis par celuy qui ne connoît point Dieu, ou qui ne pense point actuellement à Dieu*) *ne merite point une peine éternelle : non est aternâ pœnâ dignum.* Car ce qui fait qu'un *peché mortel Theologique* merite une peine éternelle, est que Dieu, qui est infiniment grand, est griévement offensé par le peché mortel. Or celui qui ne connoît point Dieu, ou qui n'a point pensé actuellement à Dieu en faisant une méchante action, n'ayant point offensé Dieu, ne l'a point grievement offensé ; il n'a donc point merité par cette méchante action d'être éternellement puni.

On se trompe donc si on s'imagine que les fornications, les adulteres, les impudicitez les plus monstrueuses, les empoisonnemens, les assassinats & les vengeances les plus cruelles, meritent toûjours d'être punis par le feu éternel de l'enfer, qu'ils soient toûjours des offenses de Dieu, & fassent toûjours décheoir de la grace ceux qui seroient en grace avant que de les commettre. Il faut distinguer: si ceux qui font ces méchantes actions ont sçû & ont pensé en les faisant que Dieu les a severement défenduës, on ne peut nier qu'ils n'ayent offensé Dieu, qu'ils n'ayent merité d'être éternelle-

ment

ART. III. ment punis, & qu'ils ne soient déchus de la grace, s'ils y étoient auparavant. Mais s'ils n'ont point actuellement pensé à Dieu en commettant ces crimes, n'étant occupez que de l'objet de leur passion, ce qui est tres-ordinaire; ou si ce sont des personnes privées de la connoissance de Dieu (comme l'ont esté une infinité de Payens dans l'un & dans l'autre monde avant la Prédication de l'Evangile) leurs pechez alors n'étant que *Philosophiques*, *quelques griefs qu'ils puissent être, ne sont point offenses de Dieu, ils ne meritent point la peine éternelle*, & ils ne feroient point déchoir de l'état de grace ceux qui y auroient esté auparavant.

ARTICLE IV.

Combien la Doctrine des Jesuites expliquée dans l'article precedent est abominable & contraire à l'Ecriture. De la I. IMPIETE': *qu'on ne commet que des pechez Philosophiques, quand on ne connoît point Dieu.*

ON void assez que ce que je viens de dire dans l'article precedent n'est point une simple consequence tirée de ce que j'ay fait voir dans le premier avoir esté publiquement enseigné par les Jesuites de Dijon; mais que c'est la proposition même de leur These reduite à son principe, proposée avec plus d'étenduë, & appliquée à des exemples particuliers: ce qui n'y changeant rien, la rend seulelement plus claire & proportionnée à l'intelligence de toutes les personnes de bon sens. Et il n'en faut pas davantage, ce me semble, pour en faire avoir de l'horreur à tout le monde. Il ne sera point neanmoins inutile de faire voir combien l'Eglise est obligée de reprimer l'audace de cette vaine Philosophie, qui ose s'élever contre les oracles du S. Esprit.

Toute l'Ecriture est pleine de témoignages de la colere de Dieu contre les Peuples, qui ne le connoissent point. Ce que David & Jeremie disent d'eux par forme d'imprécation : *Effunde iram tuam in gentes quæ te non noverunt, & in regna quæ nomen tuum non invocaverunt*, n'est que pour marquer combien Dieu avoit sujet d'être offensé des crimes de ces Nations infidéles. Ils les regardoient donc comme des outrages faits à sa sainteté & à sa justice. Car Dieu étant incapable de passions humaines, ce que l'Ecriture appelle sa colere est la regle de sa sagesse, qui ne peut laisser impunis les dereglemens des hommes, qui dégenerent d'autant plus de la dignité de leur nature par la malice de leur volonté, qu'ils sont dans une plus grande ignorance de Dieu & de sa Loy.

Psal. 78. v. 6. Jerem. 10. v. 25.

C'est ce que nous apprenons de S. Paul dans l'Epître aux Ephesiens, où il marque en divers endroits ce qu'on doit juger des Payens avant qu'ils eussent reçu la connoissance de Dieu par la Prédication de l'Evangile : *Souvenez-vous*, leur dit-il, *qu'étant Gentils vous n'aviez point de part au Messie, vous étiez entierement séparez de la societé d'Israël ; vous étiez étrangers à l'égard des alliances divines, vous n'aviez point d'esperance des biens promis, & vous étiez sans Dieu en ce monde.* Il décrit aussi plus

Ephes. 2. v. 11. 12.

Art. IV. bas ce que cette ignorance de Dieu produisoit
Eph. 4. 17. 18. dans ces Gentils : *Je vous conjure par le Seigneur, de ne vivre plus comme les autres Nations qui suivent dans leur conduite la vanité de leurs pensées, qui ont l'esprit plein de tenebres, qui sont entierement éloignez de la vie de Dieu à cause de l'ignorance où ils sont, & de l'aveuglement de leur cœur ; qui ayant perdu tout remords & tout sentiment, s'abandonnent à la dissolution, pour se plonger avec une ardeur insatiable en toutes sortes d'impuretez.* Et pour montrer que les crimes de ces Payens ne laissoient pas d'être de veritables offenses de Dieu, qui attiroient sa colere sur eux, quoy qu'ils ne le connussent pas ; voulant porter les Chrétiens à ne point tomber dans les pechez qui excluent de l'heritage du Ciel, il leur repre-
Ibid. 5. 6. sente que *c'est pour ces choses là que la colere de Dieu est tombée sur les incredules.* Propter *hæc enim venit ira Dei in filios diffidentiæ.*

L'Apôtre se sert encore dans la 1. Epître aux fidelles de Thessalonique de ce même exemple des Payens pour les détourner des pechez d'im-
1. Thess. 4. 4. 5. pureté. *Que chacun de vous*, dit-il, *sçache posseder le vaisseau de son corps saintement & honnêtement, & non point en suivant les mouvemens de la concupiscence, comme les Payens, qui ne reconnoissent point Dieu.* Ayant donc toûjours consideré les Gentils comme n'ayant point connu Dieu, *sicut gentes quæ ignorant Deum*, il ne laisse pas de dire generalement dans l'Epître aux Romains, que les crimes qu'ils auront commis seront punis de Dieu de la même peine que ceux des Juifs, à qui il s'étoit fait connoître ; c'est à dire, de la damna-
Rom. 2. 9. tion eternelle. *L'affliction & le desespoir accablera l'ame de tout homme qui fait le mal ; premie-*

mierement du Iuif, & puis du Gentil....... Et ainsi tous ceux qui ont peché sans la Loy, seront jugez par la Loy. C'est donc une heresie manifeste de soûtenir, comme font les Jesuites à la face de l'Eglise, que quelques pechez que commettent en suivant leurs passions ou d'impureté ou de vengeance, ou d'avarice ceux qui ne connoissent point Dieu, ce ne sont que des *pechez Philosophiques qui ne sont point offenses de Dieu & ne meritent la peine eternelle. Quæ non sunt offensa Dei, nec merentur pœnam æternam.* ART. IV. Ib. v. 12.

Cette même erreur si favorable aux Athées, n'est pas condamnée moins expressément par la bouche de JESUS-CHRIST dans l'Evangile. Il y parle en deux endroits du Jugement general qui décidera de l'un ou de l'autre des deux états, où demeureront tous les hommes pendant toute l'eternité, selon qu'ils auront fait de bonnes ou de méchantes actions. Il est dit dans l'un : *Le tems viendra que tous ceux qui sont dans les sepulchres entendront la voix du Fils de Dieu ; & ceux qui ont fait de bonnes œuvres en sortiront pour ressusciter à la vie, comme ceux qui en auront fait de mauvaises en sortiront pour ressusciter à leur condamnation.* Or il nous marque dans l'autre endroit quelle sera cette condamnation : car aprés avoir dit que toutes les Nations de la terre étant assemblées devant lui, il separera les uns d'avec les autres, *& il mettra les brebis à sa droite, & les boucs à sa gauche :* Il conclut par ces paroles : *Et ibunt hi in supplicium æternum, justi autem in vitam æternam. Ceux-cy* (C'est à dire ceux qu'il aura mis à sa gauche) *iront dans le supplice eternel, & les Justes,* qu'il aura mis à sa droite, *dans la Vie eternelle.* Joan. 5. v. 28. 29. Math. 25. 32. Ibid. v. 46.

Art. IV. Que pouvez-vous dire a celá, mes Reverends Peres, qui avez souffert qu'on ait enseigné à Dijon cette abominable doctrine, que ceux qui ne connoissent point Dieu, ne commettent que des *pechez Philosophiques qui ne meritent point de peine eternelle* ? Vous ne pouvez nier ce que nous assure S. Paul, qu'avant l'avenement de Jesus-Christ Dieu avoit laissé marcher toutes les Nations dans leurs voyes, n'ayant donné qu'a un seul Peuple la connoissance de son Nom & de sa Loy : ce qui fait di-
Ps. 75. 1. re au Prophete Roy, *que Dieu* étoit *connu dans Israël* : *notus in Iudaa Deus* ; mais *qu'il*
Ps. 147. 9. *n'avoit pas fait la même grace aux autres Nations, & ne leur avoit pas fait connoitre ses Iugemens* : *Non fecit taliter omni nationi, & judicia sua non manifestavit eis.* Il en est de même depuis l'avenement du Sauveur à l'égard de tant de vastes Païs, où il n'a esté prêché que depuis deux Siecles, & de tant d'autres où il ne l'a point encore esté. Où mettrez-vous donc cette infinité de personnes, qui, n'ayant point connu Dieu, ont commis beaucoup de pechez, & souvent tres-énormes, que vôtre nouvelle Theologie prétend n'avoir esté que *Philosophiques* ? Seront-ils de ceux que Jesus-Christ dit, qui sortiront de leurs tombeaux
Ioan. 5. 29. *in Resurrectionem vitæ* ; ou de ceux qui en sortiront *in Resurrectionem judicii* ? Il faut qu'ils soient des uns ou des autres. Car c'est le partage que Jesus-Christ nous assure qu'il fera de tous les hommes, lorsqu'il les fera tous sortir de leurs sepulchres pour les faire comparoître devant lui au Jugement dernier. De quelque côté que vous les placiez, vous ne sçauriez éviter d'être condamnez d'impieté ; ou en mettant à la droite de Jesus-Christ par-

parmy les Justes qui doivent joüir de la Vie eternelle, toutes sortes de scelerats, fornicateurs, adulteres, abominables, empoisonneurs, assassins, pourveu qu'ils n'ayent point connu Dieu : tels qu'ont esté certainement les Caligula, les Nerons, les Domiciens, les Heliogabales, & semblables monstres en impureté & en cruauté ; ou en prétendant que quoy qu'ils ne puissent être mis qu'à la gauche de JESUS-CHRIST parmy ceux qui ont fait beaucoup de mal, n'ayant peché neanmoins que contre la droite raison, & non contre la Loy de Dieu qu'ils n'ont pas connuë, ils ne pourroient qu'injustement être envoyez en Enfer, pour y être punis d'un supplice eternel, quoy que JESUS-CHRIST y condamne expressément tous ceux que leurs pechez auroient fait mettre à sa gauche au rang des boucs : *Et ibunt hi in supplicium aternum.* ART. IV. Math. 25. 41.

Nous voyons dans l'Apocalypse la damnation des méchans representée sous l'image d'un étang de feu & de soulphre, qui est appellé leur seconde mort : & Dieu remarque en ces termes ceux qui y seront jettez, aprés avoir parlé de la recompense des bons : *Celui qui sera victorieux possedera toutes ces choses, & je seray son Dieu, & il sera mon fils. Mais pour ce qui est des timides & des incredules, des abominables & des homicides, des fornicateurs, des empoisonneurs, des idolatres, & de tous les menteurs, leur partage sera dans l'étang brûlant de feu & de soulphre, qui est la seconde mort.* On doit entendre par les *timides* ceux qui manquent à leur devoir par la crainte des maux temporels ; & par les *menteurs*, les trompeurs & les parjures ; & par les *abominables*, ceux que S. Paul marque à la fin du ver- Apoc. 21. 7. 8.

ART. IV. set 9. selon le Grec du ch. 6. de la 1. aux Corinthiens, & contre qui il parle avec tant de force dans le 1. chapitre de l'Epître aux Romains. Or rien n'étoit plus commun parmy les Payens que ces abominations, aussi bien que les fornications, les adulteres, & les autres pechez d'impureté. Puis donc que le même S. Paul nous assure qu'ils ne connoissent
1. Thess. 4. 5. point Dieu, *sicut gentes quæ ignorant Deum:* & qu'il n'est pas moins certain qu'ils n'avoient aucune connoissance d'une Loy de Dieu qui eût défendu ces crimes, d'où vient que
Rom. 2. 12. S. Paul dit d'eux; *qui sine lege peccaverunt, sine lege peribunt*? Il faut que les Jesuites prétendent, en suivant la nouvelle découverte de leurs Theologiens de Dijon, que quand Dieu dit dans l'Apocalypse, que *les fornicateurs, les abominables, les homicides, les empoisonneurs*, & le reste, seront jettez *dans l'étang brûlant de feu & de soulphre, qui est la seconde mort*, il en faut excepter une infinité de Payens & d'autres Athées qui ont pû être tout cela, sans pouvoir être avec justice jettez dans cet étang de feu; parce que leurs pechez n'ayant esté que *Philosophiques*, n'ont point merité la seconde mort, qui est la damnation eternelle.

Un exemple illustre fera sentir aux plus endormis ce qu'on doit juger de cette doctrine. Quand Neron faisoit empoisonner le fils de son pere adoptif, qu'il faisoit noyer sa mere, qu'il condamnoit à la mort les plus honnêtes gens du Senat, qu'il deshonoroit la nature en contractant publiquement un mariage abominable, qu'il brûloit une grande partie de Rome pour representer plus au naturel la prise de Troye, & qu'il attribuoit cet incendie aux Chré-

Chrétiens pour assouvir sa cruauté par leurs supplices, ce seroit une folie de s'imaginer qu'il eût commis ces crimes en pensant actuellement à Dieu qu'il ne connoissoit point. Et par consequent selon cette nouvelle doctrine des Professeurs en Theologie de la Compagnie de Jesus, tous ces pechez n'auront esté que *Philosophiques*, pour lesquels il n'aura point merité d'être damné. On peut même douter, selon ces Peres, s'il est en Enfer; puis qu'apparemment il n'en a jamais commis d'autres. Y eut-il jamais occasion où on pût mieux appliquer ces paroles d'un ancien Pere: *Sententias vestras prodidisse, superasse est. Patet primâ fronte blasphemia. Non necesse habet convinci quod suâ statim professione blasphemum est.*

ART. IV.

Hier. epist. ad Ctesiphont.

ARTICLE V.

De la II. IMPIETÉ: *Qu'on ne commet que des pechez Philosophiques, lors qu'on ne pense point actuellement à Dieu.*

NOus n'avons encore examiné que le premier membre de la proposition capitale de la These des Jesuites, qui est que ceux *qui ignorent Dieu* ne sont point capables de commettre des *pechez Theologiques* qui les puissent damner; mais seulement des *Philosophiques qui ne meritent point de peine éternelle.*

Il nous reste à examiner le second membre, qui est que ceux mêmes qui connoîtront Dieu, ne commettent point de *pechez Theologiques* capables de les damner, si en faisant quelque

ART. V. mauvaiſe action *ils ne penſent actuellement à Dieu.* Car ſi on en croit cette Theſe, quelque contraire qu'un peché puiſſe être à la nature & à la droite raiſon, parricide, inceſte, beſtialité, &c. il ne peut être que *Philoſophique*, non ſeulement quand il eſt commis par celui *qui ne connoît pas Dieu, qui Deum ignorat*, (c'eſt le premier membre) mais auſſi lorſque celui qui le commet *ne penſe point actuellement à Dieu*, *qui de Deo actu non cogitat*; c'eſt le ſecond.

Ce dernier va bien plus loin que le premier, ſur tout à l'égard de ceux qui vivent parmi les Chrêtiens, & qui le ſont par le Bâtême. Car il y en a peu qui ſoient entierement privez de la connoiſſance de Dieu; mais il y en a bien plus dans la corruption de ces derniers ſiecles, qui n'ayant eu qu'une méchante éducation, qui n'a mis ni dans leur eſprit, ni dans leur cœur aucun ſentiment de pieté, n'ont garde de penſer actuellement à Dieu dans les pechez qu'ils commettent pour ſatisfaire leur paſſion dominante, ou d'ambition, ou d'avarice, ou de voluptez criminelles : puis qu'on peut dire au contraire qu'une des plus grandes ſources de leurs deſordres eſt l'oubli de Dieu, & l'habitude qu'ils ont contractée de n'y point penſer, ne ſe conduiſant comme les bêtes, que par ce qui frappe leurs ſens.

On en peut juger par ce que l'Ecriture dit des Iſraëlites. Il y en avoit peu qui ne connuſſent Dieu, l'Idolatrie même, lors qu'ils y étoient le plus plongez, n'effaçoit pas entierement en eux la connoiſſance du vrai Dieu, mais les portoit à en adorer d'autres. Cependant un des principaux caracteres que David donne des méchans qui ſe trouvoient parmi ce peuple, eſt qu'ils oublioient Dieu, qu'ils n'y peupensoient point, & c'est à cet oubly, & à ce défaut de penser à Dieu qu'il attribuë la corruption de leur vie : *le méchant*, dit-il, *aigrit le Seigneur. La grandeur de sa colere fera qu'il ne s'en mettra pas en peine. Le souvenir de Dieu est banni de toutes ses pensées* (*non est Deus in conspectu ejus*) *ses voyes sont soüillées en tous tems. Vos jugemens sont effacés de devant ses yeux.* C'est à dire qu'il n'y pense point, & n'y fait point de reflexion. Mais ce saint Prophete croit-il, que ces oublis de Dieu mettent de tels pecheurs à couvert de sa colere, comme s'ils ne l'offensoient point, parce qu'ils pechent sans penser à luy ? Il témoigne bien le contraire, lorsque dans un autre Pseaume aprés leur avoir representé les reproches que Dieu leur fera dans le Jugement : *Entendez cecy*, leur dit-il, *vous qui oubliez Dieu, de peur qu'il ne vous entraîne au supplice, & que personne ne vous puisse arracher de ses mains.*

ART. V.

Ps. 9.10.

Ps. 49.22.

Voicy un exemple de deux insignes pecheurs d'entre ce peuple. On ne peut gueres s'imaginer de crime plus noir ni plus honteux que celui des deux Vieillards qui voulurent corrompre la chaste Susanne, en la menaçant de la faire mourir comme une adultere, si elle ne consentoit à leurs infames desirs. Cependant si on s'en rapporte à cette nouvelle opinion des Jesuites, leur crime n'aura esté qu'un *peché Philosophique*, qui n'aura point merité l'Enfer. Car l'Ecriture marque expressément, qu'*ayant conçû une ardente passion pour elle, leur esprit fut perverty, & ils détournerent leurs yeux pour ne point voir le Ciel, & pour ne se point souvenir des justes Iugemens de Dieu. C'est la disposition où ils étoient, lorsqu'ils étoient attentifs à observer le tems où ils pourroient trou-*

Dan. 13. 9. 14.

ART. V. *trouver Susanne seule.* Il est donc cent fois plus probable qu'ils ne penserent point à Dieu quand ayant trouvé l'occasion qu'ils cherchoient, ils la presserent de se rendre à leur desir.

On ne peut douter qu'il n'en soit de même d'Amnon lorsqu'il viola sa sœur; & d'un des enfans de Juda, lorsqu'il faisoit ce que l'Ecriture appelle *une chose detestable*; & de ces brutaux de la Tribu de Benjamin, dont l'histoire est rapportée à la fin du Livre des Juges.

Gen. 38. 10.

On ne peut aussi douter que la même chose n'arrive à un grand nombre de Chrétiens, qui quoy qu'ils n'ayent pas perdu toute connoissance de Dieu, vivent dans une telle negligence des choses de leur salut, qu'il n'y en a gueres qui ne pussent jurer qu'ils n'ont point commis de pechez mortels qui meritent la damnation, si pour en commettre il est necessaire de *penser actuellement à Dieu* en les commettant.

C'est donc un paradoxe tout à fait impie de vouloir qu'un nombre prodigieux de méchans Chrétiens qui commettent tous les jours beaucoup de fort grands pechez sans penser à Dieu, en suivant leurs passions ou leurs mauvaises habitudes, tirent un si grand avantage de s'être accoûtumez à oublier Dieu, & à n'y point penser : ou que leurs crimes, quelques frequens & énormes qu'ils puissent être, ne sont que des *pechez Philosophiques, dont Dieu n'est point offensé, & qui ne meritent point la damnation eternelle.*

Mais si on fait une attention particuliere aux pechez d'omission, on avoüera, pour peu qu'on ait de bonne foy, que selon cette nouvelle Theologie du *peché Philosophique*, il est rare qu'ils qu'ils puissent damner les gens du monde, quoy que leur vie en soit toute pleine. Car bien loin que ceux qui manquent à leurs principaux devoirs le fassent en pensant que Dieu les y oblige, qu'au contraire ils n'y manquent ordinairement que parce qu'ils n'y pensent point. Il y a, par exemple, des riches avares, qui en dix ans ne feront pas une aumône considerable, qui ne contribueront pas à faire subsister une seule pauvre famille, ou à tirer de misere de pauvres orphelins, des malades, des prisonniers. Il faut renoncer à l'Evangile, ou reconnoître qu'il n'en faut pas davantage pour attirer sur eux cette terrible Sentence : *Discedite à me maledicti in ignem æternum : Retirez-vous de moy maudits, & allez au feu eternel.* Mais les Jesuites de Dijon & leurs Confreres qui ne trouvent point à redire à leur doctrine, leur fournissent dequoy appeller de cette Sentence. Car il ne seroit pas juste, pourront-ils dire, de nous envoyer au feu eternel pour des pechez *qui ne meritent pas de peine eternelle.* Or vous sçavez, Seigneur, que quand nous avons manqué à vous rendre ces assistances en la personne des pauvres ; à donner à manger à ceux qui avoient faim, & à boire à ceux qui avoient soif, à vétir & à loger ceux qui avoient besoin d'habit ou de logement, à visiter les malades & les prisonniers, nous n'y avons pas manqué en pensant à vous, mais par une grande attache à nôtre bien, qui a esté cause que nous n'avons pensé qu'à nous enrichir. Nous avoüons qu'en cela nous avons peché, mais nôtre peché n'étant que *Philosophique, ne merite pas une peine eternelle.*

ART. V.

Math. 25. 41.

Il faut de plus considerer, qu'on peut penser actuellement à Dieu, en faisant quelque action,

ART. V. action, en deux manieres : ou en pensa qu'elle lui déplaît, & qu'il l'a défenduë ; en pensant seulement qu'elle regarde Die mais en croyant si peu qu'il en sera offen qu'on croit au contraire qu'elle lui est agre ble. Or ce n'est pas la seconde de ces de manieres de penser à Dieu, qui peut faire q cette action soit un *peché Theologique* tel qu est définy dans la These de Dijon : *Transgre libera divina legis.* Cela est clair par le raiso nement de l'Auteur de cette These, que j déja rapporté : *Sicut actus humanus nunqu est malus sine cognitione malitia ; sic nunqu est offensa Dei, si non agnoscatur esse offensa D* Car celui qui ne pense actuellement à Dieu faisant quelque action, qu'en croyant qu' lui sera agreable, ou en ne pensant point tout qu'elle lui sera desagreable, ne conn point en la faisant que Dieu en sera offen Elle *ne peut* donc *point être offense de D* dans la nouvelle Theologie du *peché Philo phique.* Or voicy ce qui s'ensuit de là.

1. Jesus-Christ dit à ses Apôtres, que
Joan.16.2. Juifs *les chasseroient de leurs Synagogues*, qu'*ils croiroient tous en les faisant mour faire un sacrifice agreable à Dieu.* Ils n'auroi donc commis en cela, selon ces nouve Docteurs, que des *pechez Philosophiqu* dont Dieu n'auroit point esté offensé, & p lesquels ils n'auroient pû être damnez a justice. Or c'est ce que l'on ne peut dire s heresie ; parce que rien n'est plus contraire jugement qu'en porte S. Paul dans sa premi Epître aux fidéles de Thessalonique : *V*
1.Thess. 2. v. 15.16. *avez souffert*, leur dit-il, *les mêmes perse tions de la part de vos Concitoyens, que Eglises ont souffertes de la part des Iuifs*,

[o]nt tué même le Seigneur Jesus, *& leurs Prophetes, qui nous ont persecutez; qui ne plaisent point à Dieu, & sont ennemis de tous les hommes: qui nous empéchent d'annoncer aux Gentils la parole qui les doit sauver, pour combler ainsi la mesure de leurs pechez. Car la colere de Dieu est tombée sur eux pour les accabler jusques à la fin.* ART. V.

2. On peut juger encore quel peché ç'a esté aux Juifs de persecuter les Predicateurs de l'Evangile, quoy qu'ils s'imaginassent ne rien faire en cela que de fort agreable à Dieu, en joignant ce qui est dit sur cela dans les Actes, avec ce qui en avoit esté dit dans l'Evangile. *La parole de Dieu*, dit S. Luc dans les Actes, *se répandoit dans tous ces Païs-là. Mais les Juifs ayant animé des femmes devotes & de qualité, & les principaux de la Ville, exciterent une persecution contre Paul & Barnabé, & les chasserent de leur Païs. Alors Paul & Barnabé secoüerent contr'eux la poussiere de leurs pieds & vinrent à Icone.* Ce que S. Luc a remarqué de ces femmes devotes, *mulieres religiosas*, nous fait assez entendre, que cette persecution n'avoit esté excitée par ces Juifs contre les Apôtres que par un zele de Religion, & qu'ainsi ils voyoient accomplir ce que Jesus-Christ leur avoit prédit, que ceux qui les persecuteroient *croiroient faire une chose agreable à Dieu.* Voyons donc si Jesus-Christ nous a fait entendre qu'ils ne feroient en cela que des *pechez Philosophiques*, dont Dieu ne seroit point offensé. *Lors*, dit-il, *que quelqu'un ne voudra pas vous recevoir, ni écouter vos paroles; en sortant de cette maison, ou de cette Ville, secoüez la poussiere de vos pieds. Je vous dis en verité, qu'au jour du Jugement,* Sodo-

Act. 13. 40. 50. 51.

Joan. 16. 2.

Math. 10. & Luc 9.

ART. V. *Sodome & Gomorrhe seront traitées moins rigoureusement que cette Ville-là.* Est-ce que les Jesuites prétendront que les habitans de Sodome & de Gomorrhe n'ont point fait aussi de *pechez Theologiques* qui ayent merité l'Enfer ?

3. Saint Paul dit deux choses de lui-même :
1.Tim.1.12. l'une qu'il a esté *un blasphemateur, un persecuteur & un outrageux ennemy de l'Eglise de*
Gal. 1. 13. JESUS-CHRIST : qu'il l'avoit *persecutée avec un excés de fureur* : qu'il avoit *mis en prison*
Act. 26. 10. 11. *plusieurs des Saints, en ayant reçû le pouvoir des Princes des Prêtres* ; que *lors qu'on les faisoit mourir il y avoit donné son consentement* : qu'il *les tourmentoit pour les faire blasphemer* ; & qu'*étant transporté de fureur contr'eux, il les persecutoit jusques dans les Villes étrangeres.*
Gal. 1. 14. L'autre chose qu'il dit, est que c'étoit *un zele démesuré pour la tradition de ses Peres, qui lui avoit fait ravager l'Eglise de Dieu* ; & qu'a-
Act. 26. 9. vant sa conversion *il n'y avoit rien qu'il ne crût devoir faire contre le Nom de* JESUS DE NAZARETH. Il faut donc que les Jesuites prétendent que S. Paul s'est bien trompé, n'ayant pas connu que ses pechez qu'il a tant exagerez, & dont il nous a donné une si terrible idée, ou n'étoient rien, ou étoient fort peu de chose, parce qu'ayant crû ne rien faire de desagreable à Dieu, ou il n'avoit point peché, ou il n'avoit peché que *Philosophiquement* : & ainsi n'avoit point offensé Dieu.

4. Quand les Heretiques se sont revoltez tant de fois contre leurs Souverains legitimes, qu'ils ont fait des Livres damnables pour justifier ces revoltes, qu'ils ont desolé les Royaumes par tant de guerres sanglantes, ruiné tant d'Eglises, brûlé tant de corps de Saints, fait mou-

mourir tant de Religieux & de Prêtres par des cruautez barbares ; comme ils ont fait tout cela pour soûtenir leur Religion, ils n'ont pas pensé en le faisant qu'ils offensoient Dieu ; & par consequent ils ne l'ont point offensé. C'est ce qui est non seulement une consequence, mais le dogme même publiquement soûtenu par les Jesuites de Dijon. ART. V.

5. Voicy qui est encore plus étrange, mais qui n'est pas moins certain. C'est que les Athées n'offensent point Dieu, quand ils croyent qu'il n'y a point de Dieu, qu'ils le soûtiennent & qu'ils l'enseignent. Ainsi au lieu que le Prophete Roy aprés avoïr dit : *Dixit insipiens in corde suo : non est Deus* : ajoûte, comme une suite inévitable de ce comble d'impieté : *Corrupti sunt & abominabiles facti sunt in studiis suis* ; les Jesuites en doivent tirer une consequence toute opposée. Car ce seroit une exageration outrée d'appeller souverainement corrompus & abominables ceux qui n'offensent point Dieu, & qui ne peuvent commettre que des pechez veniels, qui ne meritent point la damnation. Or c'est ce qu'on doit dire des Athées selon la doctrine de cette These, lors même qu'on les peut convaincre d'enseigner l'Atheïsme, comme l'on dit qu'un Gentilhomme de Pologne en a esté convaincu depuis peu de tems, & condamné à la mort, quoy qu'il eût reconnu & abjuré son impieté. Car il y a contradiction qu'un homme persuadé qu'il n'y a point de Dieu, ait crû offenser Dieu en enseignant qu'il n'y en a point. Voilà donc à quoy conduit ce Paradoxe aussi impie qu'extravagant : *Actus humanus nunquam est offensa Dei, si non agnoscitur esse offensa Dei : Qu'on n'offense point Dieu si on ne croit point l'of-*

Ps. 13. v. 1. 2.

ART. V. *l'offenser* ; à vouloir que les plus insensez de tous les Athées n'offensent pas Dieu en détruisant autant qu'il est en eux la divinité, non
Ps. 13. 1. seulement lorsqu'ils disent *dans leur cœur ; il n'y a point de Dieu*, mais lors même qu'ils l'enseignent, qu'ils le soutiennent, qu'ils le mettent par écrit.

ARTICLE VI.

Reflexion particuliere sur ce que les Jesuites disent, que les pechez Philosophiques ne sont point des pechez mortels qui fassent perdre à l'homme la qualité d'ami de Dieu.

UNe des choses les plus importantes pour bien expliquer la Morale Chrêtienne, la distinction des pechez en mortels & veniels.

On appelle mortels ceux qui sont de telle nature qu'ils rendent dignes du feu éternel tous ceux qui en sont coupables, & qui étant commis par un homme juste & enfant de Dieu le font déchoir de cet état, & comme dit S. Augustin, qui tüent l'ame d'un seul coup, en la privant de sa veritable vie, qui est l'habitation du S. Esprit dans le cœur.

On appelle au contraire pechez veniels, ceux qui ne font à l'ame que de plus legeres playes, qui ne damnent pas ceux qui n'en auroient commis que de cette sorte, & qui ne chassent pas le S. Esprit d'une ame en qui il habite par la grace sanctifiante.

C'a

C'a esté une grande erreur aux Calvinistes de nier cette distinction, ou de l'expliquer d'une maniere tres-indigne de la sainteté du Christianisme. Ils prétendent que tous les pechez sont mortels de leur nature, & qu'ils meritent tous l'Enfer, mais qu'ils sont tous veniels pour ceux qui ont esté justifiez par une veritable foy, parce que Dieu ne les leur impute point, & qu'ils ne les font point déchoir de l'état de la justification. ART. VI.

Il semble qu'on auroit grand tort de ne pas avoüer que les Jesuites de Dijon ont reconnu la distinction des pechez mortels & veniels, comme tous les autres Theologiens Catholiques, & qu'ils n'ont rien sur cela de commun avec les Calvinistes. Car la cinquiéme Position de leur These considerée toute seule est tout-à-fait Orthodoxe. *Dantur peccata mortalia & venialia, quæ non solùm ex conditione peccantis, vel solâ Dei voluntate, ut volunt Lutherus & Calvinus, sed etiam ex naturâ rei differunt. Mortale autem in hoc distinguitur præcipuè à veniali, quòd mortale ex naturâ suâ est notabilis recessus à ratione & lege Dei, gravis Dei offensa, dissolvens amicitiam divinam; non verò veniale.* Mais en joignant cette cinquiéme Position à la premiere, il est aisé de voir qu'il n'y a rien de plus monstrueux, que l'idée qu'ils ont du peché veniel & du peché mortel, & que leur doctrine sur cela fait encore un plus grand ravage dans la Morale Chrêtienne que celle de Calvin. Car par la cinquiéme Position tous les pechez sont ou mortels ou veniels. Or par la premiere, tous les *pechez Philosophiques*, c'est à dire, tous les pechez que commettent ceux *qui ne connoissent point Dieu*, ou qui pechent *sans penser actuelle-*

 ment

ART. VI. *ment à Dieu, ne sont point des pechez mortels,* parce qu'*ils ne sont point* de grieves *offenses qui rendent l'homme ennemi de Dieu.* Ce sont les propres termes de cette premiere Position conformes à ceux de la cinquiéme. *Peccatum Philosophicum quantumvis grave, non est offensa Dei, nec peccatum mortale dissolvens amicitiam Dei, neque meretur pœnam æternam.* Donc ces *pechez Philosophiques* de quelque nature qu'ils soient, & quoi qu'entierement consommez, fornications, adulteres, incestes, pechez contre nature, empoisonnemens, assassinats, ne seront que des pechez veniels, qui *ne font point meriter de peine éternelle* à ceux qui en sont coupables.

Voicy donc en quoy different sur ce sujet les Calvinistes, & les Jesuites qui approuvent cette nouvelle Theologie du *peché Philosophique.* Demandez aux uns & aux autres ce qu'ils croyent de l'adultere de David, & des incestes de Caligula. Les Calvinistes vous diront que l'adultere de David, quoique mortel de sa nature, n'a esté que veniel à l'égard de ce Roy, parce qu'il ne l'a point fait déchoir de l'état de la justification, comme le Synode de Dordrecht l'a decidé. Mais que pour les incestes de Caligula, on ne peut douter que ce n'ayent esté des pechez mortels, & tres-mortels, & qu'ils ne luy ayent fait meriter d'être éternellement damné. La reponse des Jesuites sera toute opposée à celle-là. Car ils avoüeront que l'adultere de David a esté un peché mortel, & une griéve offense de Dieu, qui avoit fait déchoir ce Prince de l'état de la grace, dans lequel il n'a pû être retabli que par une serieuse pénitence, parce qu'il connoissoit Dieu, & qu'il y a de l'apparence qu'il n'a pas com-

commis ce peché sans avoir quelque pensée de Dieu, que sa passion luy aura fait étouffer. Mais que pour les incestes de Caligula, comme c'étoit un impie qui ne connoissoit point Dieu, ce n'ont esté que des pechez veniels, qui ne luy ont point fait meriter l'Enfer. Peut-on douter que cette derniere réponse, que la nouvelle Theologie des Jesuites oblige de faire, ne soit incomparablement plus méchante que celle des Calvinistes ?

Ces opinions extravagantes ne peuvent être mieux refutées qu'en les appliquant à des exemples qui en font voir tout d'un coup l'impieté. Nous en venons d'apporter un : continuons à en apporter quelques autres.

1. Presque tous les Chrétiens étant presentement justifiez par le Bâtême qu'ils reçoivent dans l'enfance, supposons qu'il y en ait, comme il n'y en a que trop, qui de leur bas âge soient élevez par des impies, qui soient bien-aises de les rendre aussi impies qu'eux, parce que cela seroit avantageux pour les méchans desseins qu'ils auroient, comme si c'étoit des filles qu'ils destineroient à des usages infames. Si ces jeunes creatures, suivant le panchant de la nature corrompuë, s'abandonnoient à toutes sortes de dissolutions, ne pensant point du tout à la Loy de Dieu, dont elles pourroient même n'avoir point entendu parler, quoi qu'elles pussent avoir quelque sentiment naturel, que la vie qu'elles meneroient ne seroit pas honnête : que devroit-on dire de ces malheureuses victimes de l'impudicité, comme les appelle Tertullien, si aprés avoir vécu de la sorte pendant dix ou douze ans, elles mourroient tout d'un coup sans avoir pensé à Dieu, non plus à la mort, que durant la vie ? Si on en

ART. VI. croit ces nouveaux Docteurs Jesuites, il est sûr qu'elles ne seront point damnées, & que même le Paradis leur est assuré, aprés avoir esté purifiées par les peines du Purgatoire. Car ayant esté reconciliées avec Dieu dans le Bâtême, & n'ayant commis que des *pechez Philosophiques, qui ne font point perdre l'amitié de Dieu, quæ non dissolvunt amicitiam Dei*, elles seront mortes en état de grace : Or qui meurt en état de grace, ne peut manquer d'être sauvé.

2. On en peut dire autant des enfans de Chrêtiens, qui auroient esté enlevez dés l'âge de deux ou trois ans par des Iroquois, ou d'autres peuples aussi barbares & aussi destituez de la connoissance de Dieu : s'ils avoient toûjours vécu parmi eux en suivant toutes leurs coûtumes brutales, n'ayant pû avoir en si bas âge aucune idée du Christianisme, on ne voit pas qu'étant morts dans cet état les Jesuites de Dijon pussent douter de leur salut. Car n'ayant eu aucune connoissance de Dieu ni de sa Loy, ils n'auroient pû avoir commis que des *pechez Philosophiques* qui ne les auroient pû faire déchoir de la grace, que je suppose qu'ils auroient reçuë dans le Bâtême.

3. Laissant à part le salut, cette nouvelle Theologie ne pourroit être reçuë dans l'Eglise, ce qu'à Dieu ne plaise, qu'elle ne fît un horrible renversement dans l'administration du Sacrement de Pénitence. On le comprendra mieux par quelque exemple. En voicy un, que ceux qui ont travaillé dans les Missions avoüeront être assez commun. Je suppose qu'un libertin aura toûjours vécu d'une maniere fort débordée, sans se souvenir d'avoir jamais eu aucun mouvement de pieté; qu'il ne se sera

jamais

jamais confessé, si ce n'est peut-être dans l'enfance, lors qu'il ne sçavoit encore ce qu'il faisoit ; & qu'étant enfin touché de Dieu par une grace extraordinaire, il veut tout de bon songer à son salut. Il s'adresse pour cela à un Confesseur fort éclairé & luy fait une Confession generale, n'en ayant jamais fait aucune. Il la commence par luy avoüer qu'il a esté fort mal élevé ; qu'on n'a eu aucun soin de luy apprendre dans son enfance à connoître & à servir Dieu ; qu'il s'est trouvé étant fort jeune en de tres mauvaises compagnies, qui luy ont corrompu l'esprit, & l'ont porté à toutes sortes de débauches, d'yvrognerie, d'impureté, & de jeu ; qu'il y a pris de mauvaises habitudes, de jurer & de blasphemer, qu'il ne faisoit scrupule de rien, qu'il n'a presque pas vû de femmes qu'avec des yeux impudiques, & qu'il s'estimoit heureux quand il pouvoit donner de l'amour à des femmes mariées, qu'il a esté fort querelleur, & qu'il s'est vangé cruellement toutes les fois qu'on luy a fait quelque chose qu'il a pris pour un affront ; qu'il a trompé au jeu tant qu'il a pû, & volé par adresse diverses choses à des Marchands. Le Confesseur lui pourra demander à l'égard des mauvais desirs, s'ils étoient tout-à-fait formez. Helas oüy, lui dira-t-il ! car j'avois le cœur si corrompu de ce côté-la, qu'il n'y avoit point de mal que je ne fusse disposé à faire, pourveu que j'en eusse le moyen & l'occasion. Reconnoissez donc, dira le Confesseur, de quel abîme de malheur Dieu vous a retiré par une singuliere misericorde, qu'il n'a pas faite à une infinité d'autres, qui n'avoient pas tant merité que vous d'être perdus pour toute l'éternité. Je le voy bien maintenant (repartira le pénitent)

[ART. VI. & je prie Dieu qu'il me le fasse ressentir de plus en plus. Mais alors je ne voyois rien ; mes méchantes habitudes m'avoient tellement aveuglé & endurci, que mon esprit n'étoit occupé que de l'objet de mes passions. Il y avoit de certaines actions que je regardois comme mauvaises, parce que je n'aurois pas voulu y être surpris, comme quand je trompois au jeu, ou qu'on m'avoit donné des assignations criminelles ; mais ce n'étoit que par rapport aux hommes, que je les blâmois, & non pas par rapport à Dieu & à mon salut. Car c'est à quoi je ne pensois point du tout en ce tems-la, comme il paroît bien en ce que j'ay esté plus de trente ans sans me confesser : & si j'allois à la Messe ce n'étoit que par coûtume, & en me laissant aller à toutes sortes de distractions souvent tres-mauvaises.

On ne voit pas que selon cet exposé, tout homme instruit des maximes de l'Evangile & des regles de l'Eglise, pût regarder ce pénitent que comme un tres-grand pecheur, qui auroit commis plus de cent mille pechez tous dignes de l'enfer, mais dont le salut n'étoit pas desesperé, parce que Dieu lui faisoit la grace d'en avoir un veritable repentir, & la volonté de se soumettre à tout ce qu'on luy ordonneroit pour les expier par de dignes fruits de pénitence.

Mais si le Jesuite Professeur en Theologie du College de Dijon avoit eu cet homme à conduire, il en auroit porté un jugement bien different. Il se seroit enquis à l'égard des juremens & des blasphêmes dont il se seroit accusé, s'il les avoit proferez par une méchante habitude, sans faire reflexion qu'il y eût du mal en cela ; & si le penitent eût répondu :

Je

ART. VII.

Je n'y faisois point de reflexion, mais c'étoit souvent par emportement & par colere, & d'autres fois par accoûtumance; parce que je m'en étois fait un langage que je croyois qui seïoit bien à des gens de ma sorte, tant étoit grand mon aveuglement. Le Jesuite auroit de là pris sujet de lui dire: Vous devez donc être en repos à l'égard de ces juremens & de ces blasphêmes, comme aussi des regards impudiques, si vous y êtes tombé, comme vous dites, par une méchante habitude, sans penser au mal que vous faisiez. Car ce ne sont point de veritables pechez: parce que *sans liberté il n'y a point de peché*; & que *pour avoir la liberté d'éviter le peché, il faut connoître qu'il y a du mal dans ce que l'on se propose de faire.* Il est bien rare, dira le penitent, que j'y aye pensé: si ce n'est, comme j'ay dit, quand j'ay trompé au jeu, parce que je n'aurois pas voulu aussi, si j'eusse esté marié, qu'on eût débauché la mienne. Vous avez donc, lui auroit dit le Jesuite, peché alors veritablement, puis qu'en commettant ces actions, vous avez pensé que vous faisiez mal. Mais il faut sçavoir encore autre chose pour bien connoître l'état de vôtre conscience. En faisant des choses que vous sçaviez bien être mauvaises, avez-vous pensé actuellement à Dieu, c'est à dire, avez-vous pensé que Dieu les avoit défenduës, & qu'ainsi vous l'offenseriez en les faisant. Helas, mon Pere, je croy vous avoir déja dit, que j'ay esté si mal instruit dés mon enfance, & que de méchantes compagnies m'avoient depuis tellement éloigné de tout ce qui a quelque apparence de pieté, que dans tout ce miserable tems, dont j'ay bien du repentir, je n'ay eu aucune pen-

Apologie pour les Casuistes, p. 35.

sée

ART. VI. ſée de Dieu, non plus que s'il n'y en eût point eu, n'ayant l'eſprit occupé que de l'objet de mes paſſions. Etes-vous bien certain de cela ? Oüy, mon Pere, tres-certain. Vos affaires n'en vont que mieux, & vous n'avez pas tant de ſujet de craindre Car quoy que vos yvrogneries, & vos autres débauches plus criminelles ſoient de grands pechez, neanmoins s'il eſt bien vray ce que vous me dites, que vous vous y êtes laiſſé emporter ſans penſer actuellement à Dieu, je vous puis aſſûrer, que *ce n'ont point eſté des offenſes de Dieu, qui vous ayent fait meriter la damnation eternelle*, ni qui vous ayent fait déchoir de l'état de grace, où vôtre Baptême vous avoit mis. Je vois bien que cela vous ſurprend, mais il eſt trop tard preſentement. Venez me voir dans quelques jours, & je vous expliqueray ce qui me fait dire, que vous n'êtes pas ſi coupable à l'égard de Dieu, que vous le croyez, & que vous pourriez bien n'avoir point perdu la grace de vôtre Baptême.

Les Confeſſeurs qui ſeroient prevenus de cette nouvelle Theologie des Jeſuites, trouveroient ſouvent divers cas ſemblables dans les confeſſions ordinaires de gens mal-inſtruits, qui ne ſe confeſſent que rarement, & qui ne ſçavent gueres ce que c'eſt qu'une vie vrayement Chrétienne. Car ſi pour juger de l'état de leur conſcience, & des penitences qu'on leur doit impoſer; ils ne ſe contentoient pas d'apprendre d'eux-mêmes, qu'ils ont commis beaucoup de pechez eſtimez mortels par tous les Theologiens raiſonnables, mais qu'ils vouluſſent encore ſçavoir d'eux s'ils les avoient commis en penſant actuellement à Dieu; il eſt certain qu'il y en auroit un tres-grand nombre

bre qui assureroient, qu'ils n'y ont point du tout pensé, mais qu'ils n'ont songé qu'à leur gain, qu'à leur plaisir, ou qu'à leur vangeance. Et de-là ces Confesseurs devroient conclure, que ces penitens ne seroient coupables que de pechez veniels, dont à la rigueur ils n'auroient pas esté obligez de se confesser. Or se peut-on imaginer une methode plus pernicieuse à la conduite des ames?

Ce seroit encore pis, si cette doctrine se répandoit dans le monde, & que le commun des Chrétiens s'en fût laissé infecter. Car se commettant une infinité de pechez qu'on n'a point douté jusqu'icy qui ne fussent mortels, par des personnes que la tentation y fait tomber sans penser actuellement à Dieu : comme il y en a beaucoup, dont on a de la peine à se confesser, parce qu'ils sont honteux, cette nouvelle Theologie leur apprenant qu'ils ne sont que veniels, ils ne se croiront point obligez de s'en confesser, & mourront ainsi dans l'impenitence.

ARTICLE VII.

Refutation de ce qui a esté dit par les Jesuites de Louvain pour justifier leur These de Dijon.

Il ne me reste qu'à examiner ce que les Jesuites ont pû trouver de plus plausible pour appuyer ou justifier la These de leurs Peres de Dijon, lors qu'on leur en a fait reproche. Je l'ay déja rapporté pour faire voir qu'ils ne se sont point effrayez d'une si étrange doctrine,

ART. VI. & qu'ils se sont resolus de ne la point abandonner, mais de la défendre comme ayant esté bien tirée de leurs principes. J'ay reservé de faire voir en ce lieu, que leur réponse est absurde & se contredit : qu'elle laisse dans toute sa force ce que nous venons de dire pour montrer que la proposition de leur These est une Heresie manifeste.

Ils prétendent la justifier, en supposant qu'on peut ignorer sans peché qu'il y a un Dieu : *Encore*, disent-ils, *que l'existence de Dieu puisse être démontrée d'une maniere proportionnée à l'intelligence du peuple, il est vray neanmoins que non seulement elle n'est pas proprement connuë par elle-méme à l'égard de nous, mais qu'il se peut faire qu'elle soit ignorée sans peché*, INCULPATE, *par ceux qui ne sont aidez que par les secours ordinaires de la grace.* Voilà toute leur réponse.

Car c'est de là qu'ils concluent que tant que cette hypothese de l'existence de Dieu ignorée sans peché, ne pourra être renversée par ceux qu'ils appellent *les persecuteurs de la doctrine du peché Philosophique, enseignée en Bourgogne*, (Philosophici *persecutores in Burgundiam usque* peccati) ils ne sçauroient raisonnablement y trouver à redire. Voyons donc s'il y a rien en cela qui les puisse justifier.

I. Que veulent-ils dire, quand ils prétendent qu'un homme peut ignorer Dieu, sans qu'il y ait en cela de sa faute, quoy qu'il ait esté prévenu par les secours ordinaires de la grace : *Fieri potest ut existentia Dei ignoretur inculpatè, ab homine ordinariis tantùm divinæ gratiæ auxiliis prævento?* Ils ne peuvent entendre par ces secours ordinaires de la grace,

que

que ces graces suffisantes qu'ils donnent si liberalement à tous les hommes. Car ils prétendent que Dieu ne manque point à les leur donner, quand elles leur sont necessaires pour satisfaire à leurs devoirs. Or le premier devoir de la creature raisonnable, est de connoître son Createur, de l'adorer & de le servir. Ceux donc qui sont prévenus des secours de la Grace, ont dû, selon leur Theologie Molinienne, avoir reçû celle qui les rendoit capables de satisfaire au plus important de leurs devoirs, qui est de connoître Dieu. Et par consequent ç'aura esté par leur faute qu'ils ne l'auront pas connu, puisque ç'aura esté en resistant à la grace suffisante, qui leur avoit donné moyen de le connoître. ART. VI.

II. L'homme ayant esté creé pour connoître & servir Dieu, il n'est pas possible que sans peché il ait esté privé de cette connoissance. De ce qu'il y a donc tant de Peuples qui ont ignoré Dieu, & qui l'ignorent encore, c'est une suite & une preuve du peché originel; & par consequent on ne peut dire, sinon dans l'école de Pelage, que *l'existence de Dieu puisse être ignorée* INCULPATE. Que si ce Jesuite de Louvain entend seulement par là, qu'il y a des personnes qui, faute d'instruction, n'ont aucun moyen humain de connoître Dieu, on le lui avoüera sans peine; comme il y en a aussi qui n'ont eu aucun moyen humain de connoître une infinité de devoirs, contre lesquels neanmoins ils n'ont pû agir sans peché, ainsi que S. Augustin le suppose comme une verité constante, en soûtenant la cause de l'Eglise contre les Pelagiens. *Vous êtes dans une grande erreur* (dit-il à Julien) *si vous croyez qu'il n'y a point de necessité de pecher, ou si vous*

Dans le dernier Ouvrage contre Julien. Liv. 1. c. 105.

ART. VII. *vous ne comprenez pas que cette necessité est la peine du peché, qui a esté commis sans aucune necessité; c'est à dire la peine du peché d'Adam. Pensez seulement combien on a besoin de travailler pour apprendre ce qu'il faut embrasser, & ce qu'il faut fuïr pour bien vivre. Cependant ceux qui ne le sçavent pas, se trouvent par là dans la necessité de pecher. Car c'est une necessité que celui-là peche, qui ne sçachant pas ce qu'il est obligé de faire, fait ce qu'il est obligé de ne pas faire. C'est de ces pechez que David demandoit pardon à Dieu,*
Psal. 24. 7. *quand il disoit;* Ne vous souvenez point des pechez de ma jeunesse, ni de mes ignorances. *Or si Dieu n'imputoit point ces sortes de pechez, ce fidéle serviteur ne l'auroit pas prié de les lui remettre.* Ainsi pour juger de la qualité des pechez de tant de Peuples qui ont esté privez de la connoissance du vray Dieu, il ne sert de rien de sçavoir s'ils ont eu, ou s'ils n'ont pas eu des moyens humains pour le connoître. Car s'ils en ont eu, leur ignorance a esté un peché; s'ils n'en ont point eu, ç'a esté une peine du peché. Et en l'un & en l'autre cas on ne peut nier sans erreur, qu'ils n'ayent violé la Loy de Dieu, en faisant ce qu'elle défend, quoy qu'ils ne l'ayent pas connuë. On peut voir sur cela un tres-beau passage de S. Augustin dans sa Lettre à Sixte. *Tout pecheur*, dit-il, *est sans excuse,*
Epist. 194. alias 105. num. 27. *aussi bien que ceux qui n'ont que le peché de leur origine, que ceux qui en ont ajoûté d'autres à celui-là par la malice de leur volonté propre, soit qu'ils ayent usé de discernement, ou qu'ils n'en ayent pas usé. Car comme l'ignorance est sans doute un peché dans ceux qui n'ont pas voulu s'instruire, elle est la peine du*

pe-

peché dans ceux qui ne l'ont pû. Il n'y a donc point d'excuse legitime ni pour les uns ni pour les autres, & il n'y a pour tous qu'une juste condamnation.

III. Mais pour faire voir d'une maniere encore plus convaincante que cette réponse des Jesuites de Louvain leur est tres-inutile, pour justifier leur These de Dijon, on n'a qu'à considerer, que s'il y a des personnes qui ayent manqué de moyens humains pour connoître Dieu, ç'a esté sans doute tous les peuples de l'Amerique, avant qu'on l'eût découverte. Voilà donc des mille millions de personnes qui, selon ces Jesuites, n'auront jamais commis au plus que des *Pechez Philosophiques*, dont *Dieu n'étoit point offensé*, & qui *ne meritoient point de peine eternelle*, lors même qu'ils mangeoient tout vivans leurs ennemis pris en guerre, par une cruauté tout à fait barbare. Si les Jesuites ne trouvent point qu'il y ait en cela d'inconvenient, on leur demande ce que deviendront ces mille millions de personnes au jour du Jugement. Pour retrancher tout ce qui pourroit souffrir la moindre difficulté, on ne parle point de ceux qui seroient morts avant l'usage de raison, mais seulement de ceux qui auroient commis des pechez actuels. Ils ne les mettront pas à la droite de JESUS-CHRIST; parce que tous ceux qui y seront, iront joüir de la vie eternelle. Or on ne croit pas qu'ils soient assez hardis pour ouvrir le Ciel à cette infinité de pecheurs, qui auroient vécu dans une entiere ignorance de Dieu & de sa Loy, quelques crimes qu'ils eussent commis. Ils ne les mettront pas aussi à sa gauche; parce que tous ceux qui y seront, iront au supplice

ART. VII. *Mat. 25. 46.* eternel : *Et ibunt hi in supplicium æternum.* Or ce seroit les traiter avec injustice, que de les condamner à un supplice que leurs *pechez ne meritent point*, de quelque nature qu'ils ayent pû être, n'ayant esté que *Philosophiques.* Il faut donc qu'ils avoüent que leur nouvelle Theologie ne se peut soûtenir, qu'en renversant les plus communes veritez de la Religion Chrétienne, que l'on apprend aux enfans dans leur Catechisme.

IV. Que ce soit par sa faute, ou sans sa faute qu'un homme ait ignoré qu'il y a un Dieu, cela ne fait rien du tout à la nouvelle Theologie des Jesuites du *Peché Philosophique.* Car on y enseigne expressément que tous les pechez contre la droite raison & contre l'honnêteté naturelle que commettent ceux *qui ne pensent point actuellement à Dieu*, en les commettant, *qui de Deo actu non cogitant*, ne sont que des *pechez Philosophiques, qui ne sont point offenses de Dieu, & ne meritent point la peine eternelle.* Or tous ceux qui ne connoissent point Dieu, soit que ce soit par leur faute, ou non, ne pensent point à Dieu en commettant des pechez contre la droite raison, & l'honnêteté naturelle. Il est donc également certain des uns & des autres, selon leur These de Dijon, que quelque débordée que soit leur vie, ils ne commettent que des *Pechez Philosophiques*, dont *Dieu n'est point offensé*, & qui ne leur feront point souffrir la peine du feu eternel.

V. Enfin les Casuistes les plus hardis à inventer des opinions relachées, n'ont osé aller si loin que ces Jesuites de Dijon. Car quoy qu'ils ayent soûtenu cet étrange excés, qu'en qu'on pouvoit être positivement Athée, INVINCIBILITER & INCULPATE (car c'est parmy eux la même chose) ils ne se sont pas neanmoins avisez de donner à ces Athées l'avantage qu'on leur a donné à Dijon, de ne pouvoir commettre en cet état que des *Pechez Philosophiques* incapables de les damner. On n'en peut desirer de meilleure preuve que cet horrible cas de Caramuel, le plus hardy de tous les Probabilistes : *Nascitur Petrus, baptizatur : antequam loqui sciat capitur à Barbaris, in silvam inducitur, & Atheismum positivè docetur. Ad usum rationis pervenit : posse* INVINCIBILITER *nescire Deum saltem ad tempus Theologi nobiliores affirmant. Moriatur igitur hic antequam ignoret vincibiliter Deum, & aliquod committat mortale. Quò Petrum D. Fagnanus mittet? Non ad infernum, quia originali ille & actuali mortifero caret : Ad cælum ergo?* Il est necessaire, selon Caramuel, qu'afin que ce baptisé, positivement Athée, puisse être sauvé, il n'ait point commis d'autre peché mortel capable de le damner. Il suppose donc qu'il en peut commettre : & ce qui ne peut être, selon la nouvelle découverte des Jesuites de Dijon. C'est donc en vain que ceux de Louvain prétendent, que pourveu qu'on leur laisse passer, ce qu'assure Caramuel, quoy que mal à propos, qu'*Existentia Dei potest ignorari* INCULPATE, leur doctrine du *Peché Philosophique* doit passer pour bonne.

ART. VII.

Apol. pro doctr. de Probab. Epist. 4. Resol. 5. nu. 115.

CONCLUSION.

Aux Reverends Peres Jesuites.

CE n'est pas, mes Reverends Peres, pour décrier vôtre Compagnie, que l'on dénonce à toute l'Eglise, & à tous les Princes Chrétiens, la Nouvelle Heresie, que vous avez trouvé bon qui fût enseignée publiquement dans vôtre College de Dijon, & soûtenuë par vos Professeurs de Louvain contre ceux qui y trouvoient à redire.

C'est principalement afin d'empêcher qu'une si méchante doctrine, & si favorable aux impies & aux libertins ne se répande dans le monde, & ne cause d'étranges desordres, & dans les mœurs des Chrétiens, & dans l'administration du Sacrement de la Penitence. Mais je vous proteste que c'est aussi pour rendre un service important à vôtre Societé, en lui donnant occasion de détromper ceux qui croyent qu'elle n'est pas assez humble pour se resoudre jamais à condamner sincerement & Chrétiennement ce qui a esté une fois enseigné dans ses Ecoles. Des gens de bien, qui ont de la peine sur cela, ne nient pas que ce qui est enseigné par un Jesuite, ne soit souvent contredit par d'autres : mais ce qui leur fait avoir cette mauvaise opinion de vôtre Compagnie, est qu'ils ont remarqué, que quelques plaintes qu'on ait faites des pernicieux sentimens de vos Casuistes, & quelque soin qu'ayent pris les Evêques d'en arrêter les mauvais effets par leurs censures, vous n'avez jamais pû gagner sur vous, de donner un acte public, par lequel il parût que vôtre Corps les con-

condamne dans vos Auteurs mêmes, & qu'il en porte le même jugement que les Prelats & les Facultez qui les ont censurées.

Voicy, mes Peres, une occasion où vous pouvez vous faire honneur, en faisant voir que vous êtes presentement dans une disposition contraire à celle qu'on vous attribuë. La doctrine dont il s'agit est certainement horrible, & peut avoir de plus pernicieuses consequences, que celles qui firent tant crier il y a trente ans, & qui exciterent contre vous une si rude tempête. On ne l'a point esté rechercher dans quelque Livre obscur imprimé en cachette. On l'a trouvée dans une These de Theologie soûtenuë publiquement dans un de vos plus celebres Colleges de France; & on sçait assez que ces Theses ne s'impriment point parmy vous, sans être examinées & approuvées par vos Superieurs.

Elle n'est point tirée de cette These par des consequences dont on pourroit ne pas demeurer d'accord. Elle y est en propres termes si clairs & si précis, qu'il est impossible d'y donner un autre sens.

On s'en est plaint deux fois dans une des plus fameuses Universitez de l'Eglise; une fois sans vous nommer, & l'autre fois en vous nommant, pour garder, autant qu'on a pû, le même que le Fils de Dieu a prescrit pour la correction fraternelle: & loin de vous reconnoître, vous avez traité de *persecuteurs* ceux qui avoient eu la charité de vous avertir de vôtre faute.

Il ne restoit donc plus, selon ce même endroit de l'Evangile, que de vous dénoncer à l'Eglise: *dic Ecclesiæ:* & c'est ce que l'on fait par cet Ecrit. *Mat. 18. 17.*

On croit y avoir mis l'impieté de vôtre nouvelle Theologie dans un si grand jour, qu'il n'y aura

aura point de Chrétien qui n'en soit blessé. J n'en excepte pas les Sociniens. Car quoy qu'il ayent esté assez impudens pour contredire grossierement l'Evangile, en niant l'eternité des peines, ce n'est pas en prétendant, comme vous qu'il y a des pechez tres-énormes, qui ne meritent pas d'être punis eternellement, mais c'est en niant l'immortalité de l'ame, & en soûtenant, contre ce que dit expressément S. Pau
Act. 24. 15. dans les Actes : Qu'il n'y aura que les bons qu ressusciteront, & que les méchans demeureront aneantis.

Vous ne sçauriez donc éviter que tout le monde ne se soûleve, dés qu'on sera averti qu des Religieux ont souffert qu'on ait enseigné chez eux une nouveauté si profane, & qui peut causer tant de ravages dans les mœurs des Chrétiens, en faisant passer pour des pechez veniels & incapables de damner personne, les pechez les plus énormes, quand on les commet *sans penser actuellement à Dieu* : ce qui est une circonstance qui accompagne presque tous les crimes des pecheurs d'habitude, dont le nombre n'est que trop grand.

Vous vous flatterez peut-être que vôtre credit arrêtera les plus zelez, & empêchera qu'on ne vous condamne, pour ne point faire de tort à l'honneur d'une Compagnie dont la reputation, si on vous en croit, est necessaire à l'Eglise.

Mais quand vôtre credit iroit jusques-là, & que vos intrigues fermeroient la bouche à ceux qui seroient les plus obligez de parler, pour remedier à un tel scandale, vôtre Societé n'en seroit que plus diffamée parmy tous les gens de bien ; puisqu'ils auroient lieu de se la representer comme la peste de l'Eglise, capable d'y causer de tres-grands maux, par la démangeaison

qu'elle

qu'elle a de corrompre la Morale Chrétienne par de méchantes opinions, dont celle-cy semble être le comble, & incapable d'être arrétée dans cette licence par la crainte du châtiment; parce qu'elle s'est renduë si formidable par son credit, ses richesses & son étenduë, qu'on croit toûjours avoir raison de la ménager; de peur que si on la traitoit comme le meritent ses excés, elle ne fist encore pis. C'est assurément la pensée qu'on auroit de vous, si vôtre cabale étoit assez forte pour empêcher la condamnation d'un si détestable paradoxe.

Croyez-moy donc, mes Reverends Peres, ce n'est point là le party que vous devez prendre, ni pour vôtre honneur ni pour vôtre conscience. Le seul qui reste à vôtre Societé, pour assurer l'un & l'autre, est d'édifier l'Eglise, en condamnant elle-même une doctrine si impie, enseignée chez elle, & en reconnoissant publiquement qu'on a eu grand tort de souffrir qu'on l'y enseignât.

Mais afin qu'on ne doute point que ce desaveu ne soit sincere, il faut que vous alliez jusqu'à la source du mal, & que vous souscriviez à cette maxime du droit Canonique fondée sur l'Ecriture & sur la Tradition : IGNORANTIA JURIS NATURALIS OMNIBUS ADULTIS DAMNABILIS EST. Car tant que vous demeurerez opiniâtrement attachez à cette erreur de vos Casuistes : que *quoy que l'on fasse, on ne peche point, si on ne connoît qu'il y a du mal en ce que l'on fait*, vos Theologiens de Dijon se trouveront bien fondez de soûtenir, qu'un *peché contre la droite raison n'est point une offense de Dieu, si on ne connoît* en le commettant, *qu'il est offense de Dieu*, ce qui ne peut être, quand *on ne connoît pas Dieu, ou qu'on ne pense point à Dieu.*

Vous

Vous ne pouvez donc mes Reverends Peres, condamner ſincerement vôtre Theſe de Dijon, ſi vous n'en condamnez le principe. Or cette Theſe contenant certainement une Nouvelle Hereſie, vous ne pouvez vous diſpenſer de la condamner, ſans attirer ſur vous l'indignation de tous ceux qui ont de la Religion & du zele pour les veritez Chrétiennes. Faites donc l'un & l'autre, ſi vous aimez l'honneur de vôtre Societé, & vôtre propre ſalut.

On ne vous donneroit pas ce conſeil, ſi on n'avoit pas de la charité pour vous. Car ſi on haïſſoit vôtre Compagnie, on ſeroit porté à ſouhaiter qu'elle fiſt tout le contraire, parce que rien ne pourroit plus nuire à ſa reputation : mais parce qu'on l'aime Chrétiennement, on prie Dieu qu'il lui ouvre les yeux pour reconnoître la verité opposée à ces deux erreurs, & le cœur pour ſe rendre à cet excellent avis de S. Auguſtin : ISTAM *doctrinam* IN DIVINIS ELOQUIIS MANIFESTAM, *Societas*, MANIFESTE FATEATUR : SEQUE TAMDIU CONTRA SENSISSE NON OPERIAT IMPUDENTISSIMO PUDORE, SED DOLORE SALUBERRIMO APERIAT, UT SANCTA ECCLESIA NON TURBETUR PERVICACI EJUS OBSTINATIONE, SED VERACI CORRECTIONE LÆTETUR.

De gratiâ Christi, cap. 26.

THE-

THESES THEOLOGICÆ

DE PECCATIS.

I.

PECCATUM Philoſophicum ſeu morale eſt actus humanus diſconveniens naturæ rationali & rectæ rationi. Theologicum verò & morrtale eſt tranſgreſſio libera divinæ legis. Philoſophicum quantumvis grave, in illo qui Deum vel ignorat, vel de Deo actu non cogitat, eſt grave peccatum, ſed non eſt offenſa Dei, neque peccatum mortale diſſolvens amicitiam Dei, neque æternâ pœnâ dignum.

II.

Diſtinctio ſpecifica Metapahiſica peccatorum petitur ex diversâ ratione turpitudinis moralis, ſed diſconvenientiæ cum objecto, fine & circumſtantiis in ordine ad naturam rationalem ſpectatis; Moralis verò ex oppoſitione cum eadem vel diverſâ virtute. Peccata omnia non ſunt inter ſe connexa, nec æqualia; ſed aliqua ſunt aliis tum ſpecie tum numero graviora.

III.

III.

Malitia peccati commiſſionis non conſiſtit formaliter in privatione rectitudinis debitæ actui tantùm ; nec in privatione rectitudinis debitæ ipſi operanti , nec in privatione perfectionis congruæ , aut Dei ut finis ultimi gratiæ , aut gloriæ , aut habituum ſupernaturalium.

IV.

Malitia peccati commiſſionis conſiſtit formaliter in poſitivo , ſeu in poſitivâ diſconvenientiâ cum naturâ rationali & rectâ ratione, vel lege divinâ, non verò partim in poſitivo, partim in privativo. Peccatum omiſſionis non poteſt dari ſine aliquo actu poſitivo , qui ſit cauſa vel occaſio, non ſolùm moraliter, ſed etiam Phyſicè & Metaphiſicè.

V.

Dantur peccata mortalia & venialia, quæ non ſolùm ex conditione perſonæ peccantis, vel ſolâ Dei voluntate, ut volunt Calvinus & Lutherus, ſed etiam ex naturâ rei differunt. Mortale autem in hoc præcipuè à veniali, quòd mortale ex naturâ ſuâ eſt notabilis receſſus à ratione & lege Dei, gravis Dei offenſa diſſolvens amicitiam divinam , non verò veniale.

VI.

VI.

Deformitas peccati mortalis consistit in eo quòd per ipsum Deus graviter offenditur, & virtualiter quodammodo, aut formaliter contemnitur. Ad peccatum mortale requiritur materia gravis, quantitas notabilis, plena intellectûs advertentia, & plenus voluntatis consensus. Malitia peccati mortalis non est infinita moraliter, intrinsecè, simpliciter, sed extrinsecè tantùm, & objectivè & secundùm quid.

VII.

Peccatum veniale est peccatum, quod leviter tantùm Deum offendit; nec mortem spiritualem affert animæ; nec æternâ pœnâ per se punitur, sed privat hominem Gratiâ Efficaci & congruâ, fervore charitatis, Dei timore, & inclinatione ad sequendam rationem & legem. Semper est dispositio ad peccatum mortale. Ex multis venialibus non potest fieri unum mortale formaliter, vel æquivalenter, nisi illorum materiæ vel effectus moraliter continuentur, & in unum coalescant.

VIII.

Peccatum habituale non est habitus vitiosus relictus ex peccato actuali; neque ordinatio tantùm ad pœnam, neque

que complacentia habitualis in peccato præterito ; aut propensio habitualis ad peccatum ; neque privatio gratiæ, sed est peccatum actuale Phisicè præteritum, moraliter perseverans in ordine ad reddendum hominem rationabiliter Deo exosum, donec condonetur, aut condigna ejus satisfactio exhibeatur & acceptetur.

Has Theses, Deo duce, & auspice Dei-parâ, propugnabit STEPHANUS BOUGOT, *in aulâ majore Collegij Divio-Godranij Societatis* JESU, *die Junij...... 1686. Matutinis ac serotinis scholæ horis.*

DIVIONE,

Apud JOANNEM RESSAYRE, Typographum & Bibliopolam.

FIN.

TABLE DES ARTICLES.

LE

LE PARRICIDE JUSTIFIE'.

DIALOGUE

Entre un Penitent *& son Confesseur ;*
Sur l'Air, *Or nous dites Marie.*

LE PENITENT.

MOn Pere, j'entends dire
Que vous n'ignorez rien ;
Voulez vous bien m'instruire
Pour estre homme de bien.

Le Confesseur.

Vous ne sçauriez mieux faire
Que de venir à nous,
Il n'est point de nos Peres
Qui ne soit tout à vous.

Le Penitent.

J'ay peur que quand mon ame
A nud vous paroîtra,
Vous me traitiez d'infame,
Et de franc scélerat.

Le Confesseur.

Cette terreur est vaine,
Nous ne sommes pas gens
A faire tant de peine
Aux pauvres Penitens.

Le Penitent.

Si j'ay fait tous les crimes
Qu'on puisse imaginer,
Aurez-vous des maximes
Pour me les pardonner ?

Le Confesseur.

On peut souvent mal faire
Sans être criminel,
Et c'est un grand mystere
Que le peché mortel.

Le Pen. Mais j'ay tué mon Pere
Pour avoir tout son bien,
Empoisonné ma mere
Crainte qu'elle en dît rien.
Une sœur jeune & sage
Evita le poignard,
Mais je luy fis l'outrage
Qu'Amnon fit à Thamar.

Le Conf. Tout ce que vous me dites
Est mal assurement,
Mais sçavoir s'il merite
L'éternel châtiment.

Le Pen. Or dites-moy, mon Pere,
Où vous avez trouvé,
Qu'on puisse si mal faire
Sans être reprouvé ?

Le Conf. Ce n'est qu'en nos Ecoles
Qu'on apprend ce secret,
Et deux ou trois paroles
Vont expliquer le fait.

Mais pour vous bien inſtruire
Ouvrez-moy vôtre cœur,
Afin de vous conduire
En ſage Directeur.
Dites-moy donc, mon frere,
Quand vous avez peché,
Avez-vous crû rien faire,
Dont le Ciel fût fâché ?
Le Pen. Je n'avois rien en tête
Que mon ambition;
Et je ſuivois en bête
Ma folle paſſion.
Le Conf. Tant mieux : Dieu ne s'offenſe
Que quand on ſonge à luy;
Voyez donc l'ignorance
Des pecheurs d'aujourd'huy.
Le Pen. Mais, mon Pere, j'eſtime,
Qu'en violant ſa Loy,
J'excitois par mon crime,
Son couroux contre moy.
Je ſuis donc un coupable,
Digne de ſa fureur,
Un pecheur deteſtable,
Dont j'ay moy-même horreur.
Le Conf. Vous vous trompez vous-même
Par cette humilité,
La grace du Bâtême
Ne vous a point quitté.

Le Penitent.

Quoy je ſerois en grace
Aprés tant de malheurs !
Qu'eſt-ce donc qui l'efface
De l'ame des pecheurs ?

Le Confeſſeur.

C'eſt icy le myſtere
Qu'il faut bien remarquer ;
Ecoûtez-bien, mon frere,
Je vais vous l'expliquer.
Peché Philoſophique,
Eſt contre la raiſon.
Peché Theologique,
Eſt d'une autre façon.
Ce dernier n'eſt offenſe,
Et Dieu n'en eſt fâché,
Qu'à cauſe qu'on y penſe,
Quand on fait le peché.
Pour le *Philoſophique*,
Il n'eſt jamais mortel ;
On ſeroit heretique
En croyant qu'il fût tel.
Jamais il ne nous ôte
L'amour du Createur ;
Ce n'eſt pas une faute,
Digne de ce malheur.
Il eſt vrai qu'il s'oppoſe
A la regle des mœurs,
Mais jamais il ne cauſe
D'éternelles douleurs.

En un mot ſa malice
Eſt ſouvent un grand mal,
Mais ce n'eſt qu'un pur vice,
Et un peché Moral.

Voilà comme la grace
Aprés tant de malheurs,
Trouve encore ſa place
Dans l'ame des pecheurs.

Pour le *Theologique*,
Il eſt ſouvent mortel,
Lorſque l'eſprit s'applique
Et ſonge à l'Eternel.

Quand on a la penſée
De la Loy du Seigneur,
C'eſt une choſe aiſée
D'offenſer ſa grandeur.

Il faut, pour une offenſe,
Violer librement
La Loy qui fait deffenſe
D'agir injuſtement.

La liberté conſiſte
A connoître & vouloir,
Et quoy que Dieu reſiſte,
Mépriſer ſon pouvoir.

Il eſt donc tout viſible,
Qu'en tout tems, en tout lieu,
Le crime eſt impoſſible,
Si l'on ne ſonge à Dieu.

Le Penitent.

Mais l'Eglise & les Peres
Nous disent-ils cela ?
Ne sont-ils pas contraires
A ces principes là ?

Le Confesseur.

Les Peres malhabiles
N'ont jamais bien cherché,
Non plus que les Conciles,
Le remede au peché.
Cette gloire étoit dûë
Aux Peres de Dijon,
These en fut soûtenuë
Sans opposition.

Le Penitent.

Je n'ay donc rien à craindre
Des crimes que j'ay faits,
Je vas sans me contraindre
Passer mes jours en paix.
Je me trompois moy-même
Par ma simplicité,
La grace du Bâtême
Ne m'a jamais quitté.

Le Confesseur.

Voyez quelle est l'estime
Que vous nous devez tous,
Puisqu'il n'est point de crime,
Qui tienne devant nous.

FIN.

www.ingramcontent.com/pod-product-compliance
Ingram Content Group UK Ltd.
Pitfield, Milton Keynes, MK11 3LW, UK
UKHW020356180726
13839UKWH00003B/1144

9 782329 309859